成事

松下幸之助谈人的活法

人生と仕事について知っておいてほしいこと

［日］松下幸之助 述
日本PHP研究所 编

范玉梅 译

人民东方出版传媒
People's Oriental Publishing & Media
东方出版社
The Oriental Press

作者简介

松下幸之助，Panasonic（原松下电器产业）集团创始人，PHP 研究所创办者。1894 年，出生于日本和歌山县。9 岁时，独自一人到大阪，先后在火钵店和自行车店当学徒，后就职于大阪电灯株式会社。1918 年，23 岁时创建了松下电器器具制作所。1935 年，制作所改名为松下电器产业公司。1946 年，以 "Peace and Happiness through Prosperity"（通过繁荣带来和平与幸福）为理念，创办了 PHP 研究所，开始了 PHP 运动。1979 年，兴办松下政经塾。1989 年去世，享年 94 岁。

目　录

前　言 …………………………………………… 1

第一章　珍惜上天赋予的尊贵之路

01 尽人事听天命，是一种伟大的生活态度 …… 003

02 上天赋予的属于个人的自由只占到 10% …… 009

03 花开各有不同，人各有使命 ………………… 013

04 善用欲望就会无往而不胜 …………………… 017

05 要追求素直之心的最高境界 ………………… 023

06 世间万物都处于对立和谐的统一之中 ……… 027

07 以和为贵是人类繁荣的基础 ………………… 033

第二章　以美好的心灵成就人生

08 做好自己的主人公 …………………………… 041

09 彼此关注优点，能使各自的才能
   发挥到150% ………………………… 047
10 合掌祈祷，能够让我每天奋力工作 ………… 053
11 懂得感恩和敬畏 …………………… 057
12 不因利害得失而烦恼 ……………… 063
13 不受财物驱使，做财物的主人 ………… 069
14 胸怀大志，但不忘现实 …………… 077
15 唯有中庸之道才是真理 …………… 083
16 知识也会成为负担 ………………… 089
17 仅凭聪明无法创造出新事物 ……… 095
18 拥有同情和慈爱之心，才是真正的强大 …… 099
19 珍视每一天的工作并持之以恒 …… 105
20 易怒之人缺乏实力 ………………… 111
21 顺利之时不忘艰辛之事 …………… 115
22 青春无比珍贵 ……………………… 119

第三章 事半功倍的工作观

23 你是否在努力寻找工作 …… 125

24 要把精力放在自己喜欢且有趣的工作上 …… 129

25 希望我的公司成为一个被人喜爱的公司 …… 135

26 有自我培养的意识和能力 …… 139

27 努力提高说服力 …… 145

28 让失败发挥作用 …… 151

29 平凡的小事更重要 …… 155

30 有诚意、热情和信念 …… 161

31 要抱着"我就是社长"的态度来工作 …… 167

32 有"袭击他人睡眠"的勇气 …… 173

33 将众人皆看作客户 …… 179

34 带着使命感去宣传公司的产品 …… 185

35 拥有令人钦佩的想法和技能 …… 191

36 不能只是嫉贤妒能 …… 197

37 要勇敢地不失礼貌地表达意见 ………… 203

38 做合格的专业人士 ………………………… 207

39 在工作中充分发挥上下级的作用 ………… 213

前 言

有一名外国商人曾问松下幸之助:"对于商务人士来说,最重要的责任和义务是什么?"迄今为止,虽然松下曾就人生和工作的重要性做过多次阐述,但是这次他是这样回答的。

"嗯,简单地说就是要被大家喜爱吧!"

"被大家喜爱"这个说法或许有些夸张,但它是松下素直之心的一种真实流露。对我们这些每天都处理艰难的工作,怀着一颗上进之心,直面严峻现实的人来说,这句话一下子就钻进了心底。

在松下看来,每个人都是一块钻石原石,经过打磨就会闪闪发光,每个人都怀着不同的才能,而当这些才能如百花般绽放,就会呈现出一个真正美丽的社会。他也认为人类有许多弱点,容易放任自己的欲望,而一个人的力量往往又微不足道。所以，当一个人决定做事情的时候，就一定要和其他人组成小组，建立组织，设立公司。不仅如此，还要在组织内部集思广益，不断开拓创新，努力向上发展。

如果我们不能和组织内部的人，以及客户、供应商等这些组织外部的人建立起稳固的信赖关系，那么就很难获得令人满意的结果。

在生活中，我们都有一种切身体会：工作难度加大，单凭自己的智慧和勇气远远不够的时候，就需要加入其他力量。另一种深切的体会就是：如果没有建立起稳固的信赖关系，就算我们策划开发的是一个出色的商品，要想顺利开展这项新的业务也是很难的。

"被人喜爱"这句话真切地表达出了大家的切身体会。当时，松下还说："商务人士要获得大家的喜爱。要让大家看到你就想到：我要是能做得像他这么棒就好了，我一定要买他的东西。要做到这一点，最重要的就是要有奉献精神。如果没有奉献精神，你就无法让别人产生'要去你那里买东西'的想法。因此，商务人士最重要的责任和义务就是让大家喜爱自己，做让大家喜爱的工作。做不到这一点的人，并不适合成为商人，注定会失败。"

当然，现在日本的职场环境的确有别于1983年松下发言的那个时候，经济发展已经取得了显著的成果，不仅日本，整个世界都实现了真正意义上的飞跃发展。尽管如此，无人敢断言，我们在极为重要的人际关系方面同样取得了发展，实现了飞跃。一个明显的证据就是，职场压力过大导致的抑郁症等心理疾病在蔓延。

放眼当下的日本经济，从2008年末开始，日本企业的经营状况都不理想。这就要求我们在"工作方式"上要有一个大的转变。今后人们应该更多地关注守护"心灵"的重要性。而这时松下幸之助的人才观无疑就会发挥作用。实际上，这也正是人们所追求的。

位列首位的应当是人，人最为重要。这就是松下的人才观。松下秉承了以人为本的哲学观念，是深受社会大众、顾客以及下属支持和爱戴的。这是成就一番事业的松下先生内心深处对人才的一种认识，也是其人生观和事业观的根本。他想成为一个"被大家喜爱的人",而不是一个"讨人喜欢的人""有人气的人""能干的人",也不是要成为一个"聪明人",这就是松下的本心。

说起这一人才观,还有这样一件趣事。我们PHP集团以及相关智囊团、出版社在松下先生生前,就已经开始以"PHP研讨会"的形式,共同从事产业教育。长期从事教育开发项目并担任培训讲师的岩井虔先生(现任PHP综合研究所客座教授),在开发了企业负责人研修班项目之后,为了征得松下先生最后的同意,拜见了松下先生。他们见面的时候发生了这样一件事情。

岩井在"培养和活用人才的心得"这一讲座中,将人才培育的精髓凝练为十条:①要胸怀大志,②要热爱工作,③要认识自己,④要集思广益,⑤要能发动员工,⑥要懂得放手,⑦要不断提出期望,⑧既要批评也要表扬,⑨要有责任意识,⑩要向部下学习。

听了这个报告,松下一边点头一边说:"还缺少了一样重要的东西,你知道是什么吗?是'讨人喜爱',你没把它放进去。"他还补充了一句:"换句话说,(面对听讲者,作为上司)你是不是有这样的魅力?"据说,这就是他对前来听讲的各位寄予的期望。

虽然近年来,"讨人喜爱"这个词大多是用来表现"女性的可爱"或者是"商人笑眯眯地与人打交道的样子"。但是,据说这个词日语最初写作"爱敬""爱敬相",就是佛祖那种慈悲柔和的表情,是那种让人不由自主地产生尊敬、爱戴之情的容貌。

当我们回顾"爱敬"这两个字的历史,就会发现江户时代就有人把它看得非常重要。有一本历史名著《具有代表性的日本人》(岩波文库),它的作者内村鉴三就是这样一位伟大之人,是可以同这本书提及的上杉鹰山、西乡隆盛等人相提并论的。

书中有一个颇具代表性的日本人——中江藤树。大家认为他的思想影响了很多日本的思想家、教育家,为日本优良传统的形成做出了贡献。书中记载了很多关于他的逸闻趣事,其中就记载了他是一个把敬爱他人看得非常重的人。被后人称为"近江圣人"的中江，曾在自己的家乡开过一个私塾。在这个私塾里，他曾告诉大家：一个人的内在修养极为重要，大家在日常生活中就要注意，要在自己的目光眼神、语言措辞、听人说话的方式等这些外在的方面来端正自己的态度。周围的人都非常喜欢中江，都爱与他亲近。最终，他成为一名被后世人尊敬的人。

试想，如果这样一个能爱戴他人、尊敬他人，从心底流露真情的人，真实地出现在了我们的生活中会如何？他一定会受人爱戴，他的一生也一定会幸福。而这种状态，正是松下对商务人士的一种期望。

众所周知，松下的学问大多都是靠耳朵听来的，并没有什么证据显示他曾读过中江藤树等先贤的著作。在松下出生的那个时代，这只是一种理所当然的相当普遍的认识。所以，松下在自己的实际生活中，对"敬爱"这一古代就有的词语所蕴含的意义，自然就有自己的感悟，并将其作为珍贵的语言而格外珍视。我要说明的是松下在听到了先贤的教诲和名言的时候，内心肯定是佩服的，觉得这些先贤非常值得尊敬，但是他不会不假思索囫囵吞枣地完全吸收那些教诲和名言。

就算是《论语》所尊崇的仁、义、礼、智、信，人们常说的"五常之德"，他也会在认同其必要性的基础上给出自己的见解，他认为培养这些良好德行的基础就是素直之心。他一直秉持这样的思想认识，将知识转变为智慧并付诸实践。从这个意义上来说，"要成为受人爱戴之人"或者说"成为受人喜爱，具有人格魅力的人"，就是松下真正的"实践性智慧"。因为在他看来，事业就等同于人生。

虽然松下连小学都没能上完，他也常说自己没有什么知识和学问，但是目前市场上的松下电器初期的砥柱产品都是松下负责开发的。松下的发明、策划与专利、实用新型方案加在一起达 100 多件。而这些全都是松下电器初期最可靠的技术来源，也是他与中尾哲二郎（后来的副社长兼最高技术顾问）发生诸多争执的原因。

虽然作为经营者，松下的管理才能常常受到大家的称赞，但用现如今的话来说，他实际上也是一个能干的技术人员，一个能干的商务人士。然而，在他看来"成为受大家爱戴的、具有人格魅力的人"才是对自己的工作职责的肯定，也是他对周围人的要求。

那么怎样才能成为一个受人爱戴的、具有人格魅力的人呢？我们衷心希望本书能成为读者思考这一问题的契机。时下，人际关系带给大家的苦恼正在不断增多，希望本书能将松下关于人生和工作的见解和思维方式介绍给各位读者。

我们先要介绍的是松下的人类观，也就是应该如何看待人的问题。需要跟各位读者说明的是全面完整地呈现松下几十年间关于人类观的思考成果是很困难的，也是不现实的。本书的内容是我们从松下众多的演讲和谈话记录之中严格挑选编辑而成的。收集整理的松下的人类观以及人生观和工作观，都是与大家的生活和工作密切相关的。在此，我先给大家介绍一点松下关于人类观的随笔。

每个人都有属于自己的路，是上天赋予的尊贵之路。虽然我们不知道这会是一条怎样的路，但它是无法替代，不能从头再来，只能自己来走的唯一的路。这条路有时宽阔，有时狭窄，既有上坡也有下坡。有时平坦，有时却要披荆斩棘力排障碍。

这条道路究竟是好是坏，有时我们也会陷入思考。有时我们也想寻求一些安慰，但终究我们只有这一条可走之路，不是吗？

这并不是说我们就要放弃。如今我们驻足的这条路，正在走着的这条路，无论如何我们都要坚持不懈地走下去。这是一条只有我们自己才能走的路，一条只属于我们自己的无可替代的路，不是吗？

别人的道路固然令人神往，但如果我们就此止步不前，一筹莫展，就无法开拓自己的路。为了开辟道路,我们先要迈开步子往前走,要下定决心,拼命地向前迈进。

就算路途遥远,我们也要砥砺前行,只要不断努力永不止步,一定能开辟出新的道路,而心底也会生出一种深深的喜悦之情。

这是松下众多作品之中,深受大家喜爱、最为畅销的《开拓道路》中的随笔,是松下开篇就想讲明的。它充分再现了松下的人类观。简而言之,就是人要知道自己的命运,充分发挥出它的作用,以此来安身立命。这是松下阐释安身立命的重要性。

围绕松下的命运观,本书在第一章介绍了松下的人类观,希望大家在理解第一章的基础之上,从自己的立场出发积极地思考第二章、第三章中关于人生与工作的意义的内容。

本书收录的内容大多是松下面对年轻一代的发言。因此,为了既能为领导阶层提供参考,又能为年轻人提供参考，本社精心编纂了内容，详细整理了要点。如果本书能为大家的日常工作和生活提供一定的帮助，我们将感到无比荣幸。

PHP 研究所　经营理念研究总部

总部部长　佐藤悌二郎

2009 年 11 月

第一章

珍惜上天赋予的尊贵之路

01 尽人事听天命,是一种伟大的生活态度

人的命运无法预测,因而无论境遇如何,都绝不能悲观,不能失去志向,要尽人事听天命。只要凭借一颗素直之心,能够顺天命而谋生存,必然就能开启自己的命运之门。

人的命运，可以说是似梦非梦，让人捉摸不透。就我而言，假如日本没有战败，那么就不会有我是日本第一第二之类的传闻了。如果没有战争，我在大阪也许会成为一名相当优秀的经营者，但是成不了第一或第二，不可能超过三井和三菱这样的优秀企业。虽然战争曾使我陷入极其悲惨的境地，但也是在这样的逆境之中，我取得了数一数二的成就。所以说，人的命运是捉摸不透，不可预测的。

由此可见，无论我们身处何种境况，都不能悲观，一旦悲观就会丧失智慧，不知道要做什么，该做什么。这个时候，一定要冷静地思考一下：之所以是目前这种状况，必然有原因，一定是有人做了什么才有了这样的结果。如果我们能做到这一点，就不会偏离自己的志向。我认为，人绝不能失去志向。每当遇到事情，我们都要努力提升自己的志向，就算不能提升，也不能失去自己坚定的志向。而在提升志向的过程中，我们必然会找到某种生存之道。这就是我通过亲身经历领悟到的。

试想如果在收到革职令的时候，我失去了志向，那我一定就完蛋了。所以我们提出了抗议①，这是正确的。下达革职令对无辜之人问罪原本就是进驻军的错误。而我们只是纠正这个错误，我们的做法没有任何问题。

收到革职令的时候，我想到的是这只表明我具备接受革职令的资格。而此次被革职的人有好几万，并不止我一个，抗议显然也是无用的。就在我做好准备要辞掉公司职务之际，一双意想不到的援助之手拯救了我，解除了我的革职令。当时，解除甲种革职令的人只有我一个。

---

① 是指昭和二十一年（1946年）6月松下家被指定为财阀，禁止变卖、赠与、转让和转移财产，并要求他提交资产内容以及财产相关的报告书。松下对此提出了抗议。战争结束的时候，松下电器旗下的公司和工厂数量已经多达六十家。但是，松下电器是由松下幸之助白手起家创办起来的，与那些历经好几代人，一举手一投足就能撼动日本经济的财阀有着根本的区别。松下电器总公司、子公司、工厂全加起来，其规模也不如其他财阀的一个子公司。因此，松下幸之助坚信松下电器以及松下一家绝非财阀。

为了解除我的革职令，我们一万五千名员工都参加了请愿活动。或许是请愿起了作用。因为当时GHQ前来调查的人中曾有人表示："你的经营理念非常了不起，我认为你这样的人不应该被革职，所以我们一定会帮你说话。"也有人说："虽然我的职位管不了这事，我个人可能做不了什么，但我会试着帮你说说看。"不知道最终是哪位的话起了作用，或许是这两位的话都起了作用吧，才解除了我的革职令。简直难以置信，这就是命运吧。虽然在我看来这件事原本就是错误的，我理应抵抗。但从另一个角度来看，我又觉得自己怎么都没救了。因为大家都受到了法律的牵扯，如此来看，在这一点上大家又都是平等的，无法想象只有我能得救。这几乎也是不可能的。然而就在我做好了辞职准备的时候，我的革职令被解除了，只有我的被解除了。这就是所谓的天命或者是命运吧。

日本自古就有"尽人事，听天命"之说，而我正好就印证了这种说法。一方面我已经尽全力了，另一方面我确实也在等待命运的安排。正因为有了命运的安排，我才获救了。我就想古人的话真有道理，虽然到了现代，这些话应用的场景发生了改变，但其内容并无变化。

要尽全力做自己认为正确的事情。一定要知道事情到此为止并未结束，还有一种巨大的力量在做功。它的能量远远超过个人的努力，它就是命运，或者说是一个人的天命。因为我知道天命难违，顺从天命是非常重要的，所以我当时也做好了顺应天命的准备。可以说，最终解除革职令靠的并非我个人的力量，而是其他力量。我之所以能如此自然地从困境中解脱出来，是我顺从天意的素直之心为自己开启了一扇命运之门。

这样想来，我觉得目前在做的 PHP① 的事也都完全符合这一信条。我们都各有天命，而尽人事听天命是人类一种伟大的生活态度。

---

① 在第二次世界大战之后，那种百废待兴的世态下，松下幸之助增强了自己的信念，认为"人类本来应该过上更加和平而富裕的生活"。于是，他以"通过繁荣来实现和平和幸福"（Peace and Happiness through Prosperity）为口号，筹集众智进行研究，并于昭和二十一年（1946 年）创办了 PHP 研究所作为开展实践运动的机构。

02 上天赋予的属于个人的自由只占到10%

人无须自寻烦恼，只需遵从命运的安排悠然前行，发挥命运的作用即可。只要内心没有恶意，就能走完自己的命运之旅。而这样的一生，既是坚定而正确的，也是幸福的。

假如在我们生存的这个世界存在一种非人的力量，它创造了万事万物，那么它就是一种绝对的力量。这种力量可以由高处俯瞰这世上的一切，任何敷衍都无济于事。而这种绝对的力量，来自哪里、存在于何处，唯有神灵才知晓。我们之所以会来到这个世界，并非个人的意愿，而是父母的意愿，也并非完全靠父母的意愿，一定还有更为强大的力量。如果存在这种力量，那么它必定在凝视着我们，我们是不能做敷衍欺瞒的事的。

如此一来，我们无须过度操劳，也能按照自己的命运悠然前行。这非常重要。只要没有坏心眼，我们就可以走完自己的命运之旅。而事实上，我们除了顺从天命并没有什么真正更好的办法。这样一想，我们的内心就无须过度忧虑，是不是？

所以，不管是坐飞机还是坐汽车我从不害怕，即使明天就死我也毫不畏惧，因为这些事情早已命中注定，无法改变。上天赋予的属于个人的自由只占到10%。我们只要好好努力做好这10%，其他事情都交给命运就可以了。这没有什么不好，我就是这样认为的。

大家现在还在大学学习，不久就会毕业。你们毕业后就职的人也是肩负着某种使命的。我认为你们的命运是相当不错的，你们都非常幸运。说到底，这取决于你们对命运的认知程度。考上大学并能顺利毕业，这不是人人都能做到的，只有少部分人才能做到。所以大家的命运是非常好的。进入公司之后，你们只需悠然地顺应天命发挥作用，将来不论是当社长、副社长，或者当科长，都不是什么问题。

一个人的幸福，就是要把握好自己的命运。就算自己命中注定自始至终只是一名普通职员也并没有什么不好。如果大家能有这样的认识和感受，那么你们的人生将是非常坚定并且正确的，也是幸福的。这就是我的认识。

03 花开各有不同，人各有使命

世上没有两个完全相同的事物。所有的事物通过各自的特色、个性、使命交织呼应，相互协调，才形成了社会。只有各种事物协调发展，才能展现出人类社会真正的美。

如果世界上有一百个国家，那就会开一百种花，而每种花都不同。虽然花不相同，各自呈现出不同的趣味，但我们一样可以品味和观赏。这些花朵交错绽放，美丽似锦。这美景之中也饱含了世间的千姿百态。

如果这一百个国家开的都是同一种花，那么就不会出现百花争艳令人目不暇接的场景。如果所有的花都是一个品种，那么世界就变得单调而无趣，难以呈现出人们憧憬的盛景。只有形状不同的花交相辉映，才会造就更高层次的美，而也只有这样才会展现出真正的美，不是吗？

当我们以这种方式来观察，就会发现每个人的容貌都不相同，各有特色。虽然每个人的脸上都长着鼻子，鼻子下面长着嘴，五官的位置大体都是如此，但每个人的容貌都不相同。如果五官没有丝毫的不同，容貌也都一样，事情就会变得非常麻烦。山本不是山本，山口也不是山口，这就非常糟糕了。正因为大家的五官都长在大致相同的位置，但容貌和全世界20亿人都不一样，这个世界才得以成立。

世上没有完全相同的两个事物。公司现在生产一种电灯泡，一个月可以生产两百多个电灯泡。这些电灯泡都是由相同的机器依照相同的工序生产出来的。因为我们在生产的时候尽量做到减少误差，所以产品看上去几乎是一样的。但如果我们用放大镜来观察的话，就能发现几乎所有的灯泡都或多或少有些不同，存在一定的差异。这是不是很有意思？

没有两个事物是完全相同的，我认为世界就是这样的。在这样的世界，所有的事物都有自己的特色、个性和使命。这些事物相互交错、相互融合形成了社会，因此，我们才能发现社会的美。

04 善用欲望就会无往而不胜

欲望是人的生存之力。只要我们满足欲望的方法和警戒欲望的方式得当,就能无往而不胜。

我认为，欲望是生存之力。虽然我不清楚大家现在做着什么工作，身处何种境况，但是我认为大家的现状是受欲望的驱动而做出选择的结果。

人如果没有欲望，社会就难以发展。政治亦是如此，正是因为每个人都有不同的欲望，政治制度才能比较容易地实施。如果都是些既不要钱也不图名誉的无欲无求的圣人君子的话，那么政治就无从谈起了。

每个人都有所谓世俗的欲望。因此，政治制度才得以顺利实施。只要全体国民的欲望都得到满足，他们必然会欢欣雀跃，并且满心欢喜地参与各种社会活动。但人的欲望是无止境的，往往是有了一就想要二，有了三就想要四，会无限地膨胀。因此，当欲望得不到满足的时候，人就会痛恨世界，痛恨社会，痛恨政治。

因此，政治在适当满足大家欲望的同时，还要恰当地防备人被欲望控制。如果不防备，人们可能会在满足欲望的道路上越走越远，不能止步。如此一来，社会就可能陷入混乱迷茫的状态。

欲望作为生存之力，是不可或缺的。否则，社会也很难成立。换句话说，幸亏大家都有不同的且强烈的欲望。正是因为想多赚点钱，多干点工作，或者住更好一点的房子，大家才能奉命行事，才会听到"你就照这样去做"的时候按照吩咐办事，因此社会秩序才得以建立。如果一个人没有欲望，那么就算是再有能力的人也指使不动他。

将狮子和人对比，不知道会不会被诟病。但就算是狮子这样的猛兽，也能被拿着鞭子的漂亮女子操控，乖乖地给大家表演，让大家取乐。狮子之所以能表演各种技能，是因为人用食物激发了它的食欲，它的欲望可以在表演之后得到满足。所以，老虎、狮子都不能没有欲望，如果没有，人们就没办法教它们表演或者其他的。

人类有比动物更复杂的欲望。有时欲望得到了满足反而会斥责对方，这是因为处理方式不当。人真是非常复杂的。因为每个人都是欲望之子，所以在不断满足大家欲望的同时，还要适当防备大家被欲望控制。这正是政治家的职责。如此看来，我认为政治并非高不可攀。

人的欲望是一种生存之力，没必要抑制，即便需要诱导，也不应该让人的欲望消失，必须适当激发人的欲望。如果这是政治的真谛的话，那么商业的真谛和经营公司的真谛也都如此。如果是一个集团，那么它的发展成果就取决于赋予员工欲望的方法和满足员工欲望的方式。赋予员工欲望的方法必须得当。进一步来讲，如果满足员工欲望的方式和警戒其欲望的方式都做得恰当，我认为这个集团必然无往而不胜。

05 要追求素直之心的最高境界

人会受到贪念和欲望的驱使,被束缚和控制。因此,我们才会希望自己拥有一颗素直之心。在素直之心的作用下,人会变得聪明且充满智慧。

让我们拥有一颗素直之心吧。如果拥有了素直之心，你就会变得强大、正直而充满智慧。如果拥有了素直之心，你做事就会越来越得心应手。素直之心的终点或者说是最高境界就是智慧的最高境界。而智慧的最高境界是神明的智慧。换句话说，一个人如果拥有了素直之心，就会像神一样充满智慧。这样一来，很多事情都会变得极为简单。

拥有一定程度的素直之心吧。实际上，我们无法做到完美无缺。因为就算我们努力去做，也可能被贪念和欲望驱使而被束缚和控制。素直之心能发挥作用，但作用也有大小和强弱之分。素直之心是在任何情况下都能完美地发挥作用吗？素直之心的最高境界是通往聪明的最高境界的必备之心，而达到聪明的最高境界必备的要素就是聪明还有智慧。因此，要达到智慧的最高境界就要始终如一地增进智慧。

拥有一颗素直之心，当素直之心越来越强大，你就能成为像神一样的存在。那时，你虽然有着人的外形，和其他人并无区别，但已经走上了增进智慧之路，成为一个大家眼中有着和神一样智慧的人。道理就是这么简单。但人往往很难拥有素直之心，这才是问题的关键。

06 世间万物都处于对立和谐的统一之中

世间万物都处于对立和谐的统一之中。广袤的宇宙包罗万象,就连地球和太阳的关系也是对立和谐的。人也应如此,要做到该说的话一定要说,同时要心怀"原来如此"的理解之情。这非常重要。绝不要陷入消极主义的泥潭。

大家必须有这样一种坚定的想法：人不会总是处于一种争论不休的状态。每个人都有不同的诉求，要在一定程度上听一下大家的诉求。那些听了之后可能会让事情变好的声音必须听一下，但坚决不能理会那些使事情变得糟糕的请求。这同样适用于今后的生活。

在我看来，向对方妥协从对方的立场出发来思考问题是一种很好的生活态度。但是从长远考虑，我认为必须有这样一种态度："不能听"的坚决不听，并且一定要让对方反思、反省。如果大家事事都说"是，是"，用一种消极主义的态度对待工作的话，就谈不上发展了。

世间的一切都是对立的。从这个角度出发，男性和女性是对立的，地球和太阳也是对立的。这就好比太阳在那边，地球在这边，它们互相注视着在玩游戏一样。至于它们是否真的在说话就另当别论了。（笑）

但是，它们不慌不乱地正常运转着，非常和谐。这种状态就是对立和谐。

我认为宇宙中的万事万物都是对立和谐的。男女是对立的，也是和谐的。对立而不和谐的夫妻，吵来吵去的话感情终会破裂。就算有激烈的争吵，但能够互相理解，这样的夫妻关系才会向前发展。

对立是一件好事。我们身为领导，和员工之间，或者说和后辈之间也是相互对立的，但我们要认识到存在于这种关系中的和谐。这是一个世间的万物都处于对立和谐状态的时代。虽然同行之间也是对立的，但一定要知道：身处对立并且争论不休的行业，每个人必然会因为过度竞争而蒙受损失；而对立和谐，大家会互相学习，会通过正当的手段竞争，会促进整个行业的发展。

国家之间也是一样的，只有相互对立才能各自独当一面。这样不仅有助于消除彼此之间的隔阂，而且有利于彼此和谐发展。事情往往都是这样的。如此一来，每个国家就会发挥自己的力量，就都会得到发展。

如果只有对立并且争吵不休，就会导致战争的爆发。这也充分说明对立固然非常好，但和谐也是极其重要的。我认为，这种对立和谐的力量对公司的经营、对个人的生活乃至国家都非常重要。

我认为，将对立和谐的原理学术化并进行各种临床验证固然非常重要，如何认识和理解对立和谐这一问题也同样重要。然而，关于这一点我们很少提及，或者说我们对其说明得还远远不够。对立就是要说出自己应该说的话，大家能够互相认可并觉得"原来如此"，就是和谐。如果我们连该说的话也不说，那就不存在对立，自然也就不会产生新想法、新事物。

07 以和为贵是人类繁荣的基础

日本的传统精神是大和魂,最重视和的精神。正是因为有了这样的精神,日本国民才能做到以和为贵,实现物质和心灵上的丰裕。

我想跟大家讲一下我之前的一点感想，一个关于广东人的事情。这个广东人现在已经到了日本，在日本开展着自己的事业。他发行了一本小册子，里面写着："我是一个广东人，广东人都认为广东是中国的中心。广东有着四千年的历史。这期间经历过很多次战争，曾经胜利过几次，也有过失败。尽管如此，时至今日我们仍然拥有着自己的广东魂，这是我们感到非常骄傲并引以为豪的。虽然日本也曾拥有大和魂，但已完全失去了大和魂，难道不是吗？我就是这么想的。"

我看了这本小册子之后感触非常深刻。一个中国的广东人，他的心里能怀着历经四千多年保留下来的传统的广东魂，并以此为荣走向了海外。当看到日本的状况，看到日本人失去了大和魂，他认为这是日本人看轻了自己，感到非常遗憾。这就是他想告诉我们的。

当然,关于这种看法是否正确,也存在一些争论。我认为我们现在仍然拥有传统的日本魂,而且绝不逊色。只是大家都害怕说出口。我们做的工作都是与这种精神相符合的。这就是大和魂,虽然大家嘴上不说,但是确实如此。正因如此,国家才变得如此繁荣。

和的精神在大和魂中占很大分量。一千三百多年前,圣德太子建造了这座位于大阪市的四天王寺,开启了以和为贵的风气。如果放在政治上来考虑的话,那么大和魂这一强大的能使失败的日本复兴的精神,就是一种伟大的精神。我认为大和魂中的大部分内容是建立在以和为贵的思想基础之上的。

我认为日本国民还是通晓人情的。日本人有时也会犯错,日本的青少年也会有不良行为,如果大人能好好反省,或者能把该说的话都说出来,上述情况就会减少,大家就会恢复正常的状态。因为现在的大人们该做的都没做,该说的没说,才出现了这种情况。

如果我们每次遇事都能反省,能充分认识并充分地把握住日本人的优点以及日本人的传统的话，就能在物质繁荣的基础之上，实现心灵的繁荣。我觉得在物质非常丰富的同时，如果我们的内心也能变得同样丰富，就会创造出一个更加出色的日本。

第二章

以美好的心灵成就人生

08 做好自己的主人公

这是一个无比艰难的时代,也是一个令人热血沸腾非常有趣的时代。希望大家能在这个时代中感受到生的喜悦,如同知名戏剧演员一样,演绎出精彩的人生。

我已经活了八十年，我觉得当下这个时代，是迄今为止经历的最艰难的。这些年，我们曾经遭遇各种不景气，遇到过很多困难，面临过混乱不安的局面，经历过三次战争，然而相比之下，现在才是最艰难的。从表面来看，现在物质极为丰富，一切状态良好，但是究其根本就会发现，我们实际所处的状况非常艰难。

要想真正摆脱当前的困境，我们就要认真思考什么样的方法才适合，才是真正能够解决问题的革新的办法。这是一个前所未有的艰难时代，所以我们要拿出前所未有的、革新的良方。如果做不到，社会就很难顺利发展下去。这是我们共同肩负的课题。

当然，也有人认为自己出生在了一个非常好的时代，认为自己还活着，真是再好不过了。实际上，我们眼前的这一切就是一场真实的戏剧。大家经常掏钱去歌舞伎座欣赏表演，一边欣赏一边说："啊，真有意思！演员演得真好呀！"却没意识到，身处的这个世界就在上演着一场真实的戏剧，自己就是这出戏剧的演员，是这出戏的主人公，是一名真正的演员。大家都是主角，都在台上表演着。

当下，能在表演的同时来思考一下就会发现，我们出生在了一个千载难逢的时代，有着以往任何一个时代都不会有的人生。因为我们能够赶上这样的时代，出生在一个超越了过去，或者说比过去几千万乃至几亿人都更受眷顾的时代，所以作为名角就要尽情地展现出这种生之喜悦。

我们在表演，大家在欣赏，自己也在欣赏。试想一下，这所有的一切都是免费的不需要费用，你是不是觉得自己出生在了一个让人热血沸腾非常有趣的时代呢？大家都还如此年轻，充满着活力，还能再干三十年、四十年。不像我，或许明天摔一跤就离开了。我要是有这种想法的话就没法工作了。我相信自己一百岁前是不会死的，一定要活到一百一十多岁。再有二十六年，我就跨越十九世纪、二十世纪和二十一世纪这三个世纪了。再过二十六年，我就一百零六岁，就经历了三个世纪了啊。这听起来是不是非常令人欣喜呢？大家也许做不到活三个世纪。（笑）

我一直这样想，但能否活到那个时候，就不得而知了。二十六年的时光是转瞬即逝的。所以，我现在想的是虽然不知道二十一世纪初是什么样，但从现在开始就要规划、制定相应的发展方案。这么一想，我就非常开心，全然忘记了自己的年龄。

09 彼此关注优点,能使各自的才能发挥到150%

你是否花费了过多的笔墨和纸张来思考自己的才能究竟发挥了多少。

周围有形形色色的人，每个人都有不同的优点和缺点。我希望大家能尽量关注彼此的优点，适当关注缺点，没必要对缺点费心思。当看到甲有这样的优点，乙有那样的长处的时候，我们自然就会产生一种帮助他们的心情，比如要帮助甲发挥他的优势，协助乙更好地发挥他的长处等。当开始采取行动时，我们周围的氛围会变得非常活跃，工作也会取得非常好的成果。如此一来，身边的人都会互相帮助，发挥各自的优势。

比如，大家会说："山本，你做得很好，就专心做这个吧。让我来帮你处理那件事。"如此一来，山本负责的工作自然就会不断获得成果。这样的情况多多少少都会有。虽然有，但是否进一步强有力地推进了呢，是否对此展开深入的思考了呢？我认为实现的程度不同，就会导致一个团体、一个公司，大到一个国家的发展出现巨大的差距。

只要是有人的地方，就算是在其他的发达国家，也一定会有人际关系方面的困扰。但就日本而言，我感觉人际关系发展得算是比较顺利的。我认为这种人人相处融洽的状态将以一种国力，一种社会进步的方式展现出来。

如果日本人养成了一种行为习惯，但它是不好的，那么每个国民都要改掉，纠正自己的行为。今后诸位将按照自己的经验和思维方式开展工作，我希望大家能够对我刚才说的话多加思考。

在日本，如果有人要往上爬，常常就会被拉下来，所以很难有人爬上去。其实不该如此，我认为理想的情况是：如果有人要向上攀登，大家就说"好的，那你上吧"，然后用力把他推上去。大家都要努力向上攀，到了最后一个人的时候，他就说"请大家也拉我一把"。最终，大家就都爬上了石墙，然后发现对面的风景真美，真有意思。事情就该这样，是极其简单的。但我们没能做到，这是国民的弱点。

大家对我说的这些思考过多少呢？这关系到大家是

否灵活应用了储备的知识和能力。它关系到我们的才能是发挥出了50%，还是发挥出了150%。大家之前都学习了各种知识，也在笔记本上做过各种各样的笔记。那么思考这些问题用了多少个笔记本呢？我想大家并没有花费多少时间和精力吧。日本人必须研究这些问题。我在此拜托大家了。

10 合掌祈祷,能够让我每天奋力工作

"请务必让我发挥出自己应有的作用",我不禁双手合十这样祈祷。在人生中的每一天,你是否一直有这样的心情?

最近，我在晚上就寝或是清晨起床的时候，都会先双手合十。我并没有特定的宗教信仰，但当我想要摆脱困境渡过难关的时候，就会有合掌祈祷的心情，"请务必设法让我能够摆脱困境顺利渡过难关"。这就像在家里的佛龛向先祖祈愿一样。

为了渡过日本的难关、业界的难关、松下电器的难关，为了赢得客户的信任，我们必须做大量的工作。每当这个时候，我总是希望自己能发挥更多的作用，那种合掌祈祷的心情就油然而生。我每天都是一边怀着这样的心情，一边奋力工作。

11 懂得感恩和敬畏

试想人若没有感恩之心和畏惧之情将会如何？希望大家懂得感恩，知道畏惧。因为只有保持谦虚谨慎，我们才会少犯错误。

松下：不懂得感恩和畏惧之人并非人。你如何理解这句话？感恩是什么，请先查一下字典。

对谈者：字典上写着：感到非常难得，是对谢意的一种表达。

松下：只有这些吗？你是学社会学的吧，那你是怎么认为的呢？请你思考一下：如果拿走了感恩和畏惧，人会变成什么样？是会变成一个优秀的人呢，还是会怎样？

对谈者：感恩和畏惧，或者其他的温情，都是人该有的种种情感。如果从心里拿掉了感恩和畏惧，或者其他各种情感，我觉得人就会变得像机器一样吧。

松下：人的确有各种情感，比如同情心等。拿掉了其中的几种感情，人就会变成机器。假使无论如何都要舍掉一些情感，我们也要留下感恩和畏惧之心。如果舍掉这两个，那人就没有了人情味，其他的东西也就不复存在了。正是因为有了感恩，有了畏惧，才产生了人情味，不是吗？

对谈者： 因此，在人的天性、天赋这些本性中存在着动物性的东西和人本来就有的东西。如果去除了感恩和畏惧就会……

松下： 那么我们来思考一下动物是怎样的。动物并不是没有感恩和畏惧，只是没有人类的程度深吧。从量或者深度上来说，动物的情感是无法超越人类的。所以，我认为"不懂得感恩和畏惧之人并非人"这句话很有意思。

对谈者： 昨天我跟别人说起这句话，他问道："啊？畏惧是什么？""不懂感恩的话就不是人"，比较容易理解。可我还是第一次听说"不懂得畏惧就不是人"。如此说来，我觉得有必要对"懂得畏惧"做一些说明。

松下： 的确如此。如果说畏惧是什么，那我们就要说一下"恭俭以持己"还有"谦虚"，这些都是与某种畏惧相关联的，也和我们常说的害怕哥哥、害怕父亲等畏惧心理有关，或者是那种员工怕社长，小偷怕警察局局长。

那么，是不是处于最高地位就谁都不怕呢？我想他们还是会怕部下，怕老天，怕神灵，因为他们感受到了，所以才会谨慎行事。也就是，他们会对这些有畏惧。所以，懂得畏惧的人都是极为谨慎之人。而这些极为谨慎谦虚的人的畏惧与害怕被狗咬是不一样的，他们有着更高一个层次的敬畏感。

对谈者： 这和所谓的消极有所不同。

松下： 消极也好积极也罢，只要自由自在地将此扩散就好。这是一个人内心必须有的东西。我们不能面对畏惧而退缩，也不能没有谨慎或者畏惧之情。如果是有信仰的人就会向神灵忏悔，没有信仰的人又会怎样呢？虽然我不知道，但我想他们也会畏惧这个社会，害怕世人的眼光，一定是能感觉到哪些事情该做哪些不该做。严于律己，自然就会少犯错。这就是人类应有的生存姿态，不是吗？

12 不因利害得失而烦恼

不要仅以个人的利害得失来看待事物。要明白自己的东西,既是自己的,也不是自己的。如果我们能有这样的思维方式,那就没必要烦恼了。

人们赞美西乡隆盛为豪杰,因为他是一个睿智之人。我认为还有一个原因,就是他不以个人的利害得失来思考和看待事物。

与胜海舟商议拯救江户免受战火之灾①这件事,西乡隆盛将其当成自己的责任。我认为如果他没有超越个人利害得失的觉悟来思考问题的话,是做不到这一点的。以命相赌,要以这样的心境为基础才行。他一定是具备随时为国家为社会献出生命的觉悟,才能不顾个人的利害得失。虽然我们能理解或向着这个方向培养自己,但的确不是简简单单就能做到的。

举一个例子,对生意人来说,税金自然是越少越好。没有哪个商人会因为被多收了税金而高兴。但是

---

① 西乡隆盛作为大总督府参谋,进入了江户城。在和幕府代表胜海舟会谈后,以保全庆喜将军的性命和德川家的存续为条件,兵不血刃地拿下了江户城。

税务署的看法和纳税者有所不同。我就遇到过这样的情况。

当税务署的人告诉我"你们公司赚了这么多钱,不管怎么说这4.8万日元的税金你们必须交"的时候,我确实有过"交3万日元就足够了"的想法。但我突然意识到:赚到的这些钱并不是我的钱,是国家的钱。因为我要做生意,所以才允许我暂时使用这些利润。就本质而言,这些都是国家的。就算代表国家的人要收回这些财产,我也没必要担心烦恼。这样一想,我就不再担心了。而对方也会把我当成一个坦率诚实的人来看待。

如果我心里想着我难以忍受自己的利润被别人拿走的话,就会琢磨着说点好听的蒙混过去。我现在拥有的这些财产,死的时候是无法带走的,如果我死了,就必须给别人。不是送给继承人就是送给亲戚,如果既没有继承人也没有亲戚的话,就会留给国家。所以从本质上来讲,这些都不是我的。虽然面对的情况不一样,但我忽然明白了这种想法是不是和西乡隆盛的是一样的。

大家今后也会遇到类似的各种各样的问题。为了公司，为了社会，也为了自己，大家必须刻苦勤奋地工作。同时，不管你是奔着升职也好加薪也好，只要认真努力就好。秉持这样的思维方式，进入公司后你就可以获得你想要的东西。这也是你必须做到的。尽管如此，你不一定能成为社长。一个人能否成为公司的社长，取决于命运。

因此，当你看到社长的时候就没必要纠结他为什么能成为社长。你只要竭尽全力地做好现在的工作就可以。如果你对现在的待遇感到不满的话，请坦率地说出来。我希望你能发表自己的意见，比如"这个我想这么做""我想那么干""这个不太好，我希望你能那样做"等。你不必为此烦恼。你应将自己的一生有所托付，托付命运，托付公司，或托付自己。

13 不受财物驱使，做财物的主人

　　有人位极人臣，却并不满足。有人生活贫困，却内心丰富。重视财物自然无可厚非，但不能被其束缚，否则必无益于社会。希望大家不受财物驱使，成为一个能物尽其用，使财物服务自己的人。

松下：我认为，对人来说最重要的就是要获得快乐。快乐的人大多都很幸福。总有一些事情，是一些人喜欢，另一些人并不喜欢的。但总能感到快乐和欢喜的人会给人一种内心丰富的感觉。

你们知道良宽和尚这个人吗？他是一位无欲无求的和尚。虽然我对他并不是非常了解，但我听说他建造了一座草堂，过着与世无争的隐居生活。到了风和日丽的日子，他就会去街上化缘，还会和孩子们一起玩耍。他每天就过着这样的日子。据说，这个良宽和尚很是奇怪，要是有跳蚤爬到了衣服上，他就会欢喜地把跳蚤放到自己怀里。这是普通人无法做到的。但总的来说，即使什么也没有，他也能感受到快乐。

现如今这个时代，是没有财物就没有欢乐的。假如世人都毫不在乎财物，就算是养只跳蚤也能感到快乐的话，产业和工业就不会兴起了，所以并不是什么事都应该鼓励。我认为良宽和尚的很多想法是难以理解的，他能如此尽情地享受着自己的人生，实属难得。大家都知道"位极人臣"这句话吧？意思是成为地位最高的大臣。

对谈者1：天皇另当别论，是说作为臣子获得了最高的地位。

对谈者2：我是头一次听到这样的话。

松下：嗯，我忘了刚才说的是什么了（笑）。对，有的人位极人臣仍不满足，想着要当天皇，但是也有像良宽和尚一样的人，他们内心富裕，生活贫穷，心里容得下所有人，甚至能包容跳蚤。

我认为，在人类社会中，正直是非常珍贵的也是必不可少的。同时，心胸宽广同样必不可少。我们要有良宽和尚那种心境，不为财物所动。狗是靠食物来行动的，你扔给它面包，它就会汪汪汪地叫，甚至会两腿站立以示感谢。人不应当被财物牵着走，要超越这种物欲，我们要支配财物，要灵活地让财物服务我们。当今世界，究竟有多少人超越了物欲，做了财物的主人呢？我觉得没有。几乎人人都被财物左右着，为财物争红了眼睛，这就是社会的现状。然而我们死后什么也带不走，难道不是吗？（笑）

对谈者1：总之，如果拘泥于财物的话，就是非常不幸的。

松下：认为财物很重要是一件好事，但是不能被它牵着鼻子走。人一旦被财物束缚就会产生个体冲突，还会产生一些丑恶的想法，或者做违背正义的生意。这对社会没有任何好处。

关于松下电器的经营，虽然在这种场合说有些不合时宜，但还是请大家稍加忍耐听我讲一下。在松下电器，单纯为了利益的经营是不允许的。在松下工作的人，在某种程度上来说，其收入必须得到社会的认可。如果没有社会的认可，我们就无法开展经营。大家是为了社会在制造产品，因此人生才有了意义。

那些汽车公司的人也并不是为了赚钱在制造汽车，而是为了创造更美好的社会。作为报酬，员工或公司会获得一定的酬劳或者收入。这样的事业是对社会有益的，才会得到社会的允许和认可。

松下电器的人如果只考虑自己，坚持"我想这样""我想那样"是不行的。我们不仅要考虑法律上是否允许，还要考虑道义上是不是允许。经营必须考虑这些，这就是我们公司现在的思维方式。四十年来，我们一直贯彻这种思维方式。

坦白地讲，我刚开始做生意的时候并不明白这些道理，以为经商就是为了赚钱。我能想到的就是制造出好的东西，以优惠的价格卖出去赚取利润。慢慢地，公司变成了一百人、二百人的规模，我发现仅仅这么想是不够的，公司应该有社会使命。于是，我开始思考作为公司根本方针的使命。我们现在正是立足于这个使命，斟酌和考量公司所有的经营。

松下电器是一个公共的机构。换句话说，它是社会的公共财产，而我们只是代为保管。所以，以社长为代表的所有员工都必须有公务人员奉献公共机构的良知。

虽然我不知道大家对我们公司的指导精神理解到了

何种程度，但我认为这一方针是没有错的。如果不能理解，也许是因为你尚处于过渡期，所以要稍微忍耐一下。只要时间到了，在不久的将来，就会发挥作用，我就是这么想的。我想大家多多少少也都有这样的想法，但不同之处也许就在于你的这些思考是否彻底。

我本来没打算讲公司经营的事情，现在确实有点跑题了。

14 胸怀大志,但不忘现实

不能只是陶醉在"胸怀大志"这样的话语当中。有些人虽未心怀大志,却也通过每日的积累获得了成功。绝对不能忘却我们自己脚下的道路和眼下的现实。

古语有"青年啊,要胸怀大志"这样一句话。毋庸置疑,这自然是非常重要的。我认为,年轻人能够胸怀大志砥砺前行极为可贵。但我也感觉到只是陶醉在这句话中是不可取的。

关于立大志这件事,我是如何考虑的呢?实际上,我在大家这个年纪的时候,并不曾受到"青年啊,要胸怀大志"这些话语的激励。回顾二十岁的时候,我只有一个平凡的愿望,那就是无论如何要把生活安定下来。当然,虽然我是这样说,但对于生活我并不是什么想法都没有。我非常认真地思考"如何才能把今天这一天过好""我要拼命做好今天的事情"等。坦率地说,我的确不曾有过心怀大志投入工作的想法。

在大约五十年后的今天,再来回顾的话,我觉得虽然不能说自己是胸怀大志地工作取得了成功,但我是通过认真做好每一天的工作取得了和胸怀大志的人一样的成果。

从我自身的经历来看，虽然胸怀大志的确非常重要并且非常了不起，但我感觉有很多人都会有这样一种情况，那就是由于胸怀大志，只是关注远方而对眼下之事欠缺考虑。事实上，有人立了大志却没有获得成功，也有人没有远大志向，只是努力认真地过好每一天，不断积累，最后获得了和立大志之人同样的成果。如果说我属于哪一种的话，我觉得自己虽然没有立下大志，但最后取得的成果和胸怀大志之人相同。

我不知道自己获得的成果能否算得上取得了成功。假如说这算是成功的话，我觉着自己的确是没有怀抱什么大志，只是凭借充实地过好每一天取得了现在的成果。事实就是如此。

我真诚地祝贺大家步入了成人的行列。在这值得庆祝的一年里，希望大家鼓足干劲，胸怀大志，努力取得巨大的成功。无论是为了自身，还是为了社会，我都祝愿并希望大家能成功。

仅仅如此还不行。大家要知道即使没有远大志向，最后也能取得相当的成果。如果立了大志，只知道盯着遥不可及的地方看，而忽视了脚下的事，那么远大志向就会变为一种徒劳。所以，胸怀大志当然是好，但越是胸怀大志，就越是要认真地度过每一天，或者说我们必须认真地完成好今天的工作。我有一种这样的感觉，那就是即使立了大志，但忘记了今天的现实，一定会导致大的失败。

一步一步认真踏实地度过平凡的每一天，如此不断地积累，当我们回头再看的时候，或许在不知不觉中就已经迈出了巨大的一步。这种情况也是存在的。要说哪一种情况会更好，我觉得还是要看大家的想法，一定要根据自身的特点来考虑这个问题。

15 唯有中庸之道才是真理

凡事不可过度，唯有中庸才是真理，是精髓。中庸，就是要在道路的中间奔跑。要想一直保持这个状态一定会非常困难。但若是放任不管，人就会走过、走偏。

对谈者： 有人认为战后的经济成长是在过度竞争这样一个严酷的环境下实现的。

松下： 我认为这也是一种认识。真正意义上的过度竞争导致企业受重创而倒闭的情况会比较多。实际上，比如相扑，如果大家都不讲规则，那么就会有人折了胳膊，有人受伤倒下。这并不是真正的发展之道。

任何事情都不能过度。即使是营业，如果过度就会患上过度营业症。失调的话当然也不行。因此"中庸"才会显得格外重要。我不知道中庸最早是谁说出来的，但中国的伟人在两千多年前就已经领悟了这个真理。即使放在今天，这个真理也依然绽放光彩。实际上，正是因为有些人讲了一大堆歪理，想要无视真理，最后才弄得大家"骨折受伤"，这却成了如今大家口中的一种文明的姿态。

对谈者： 但是过分拘泥于中庸，是不是就很难顾及企业的进步和发展?

松下:其实对于人来说,要保持中庸是非常困难的,所以才呼吁中庸。人啊,要是放任不管的话,行事的尺度就会增大,净干一些过分的事情。简而言之,中庸就是将这三尺的尺度缩小为一尺。

要做到中庸的中庸是不可能的。也许只有神才能做到。但要是放任不管的话,做事的尺度就会过大,你在行进的过程中就会东倒西歪地胡碰乱闯,走到哪里破坏到哪里,于是慢慢地就会受伤倒下。这样是绝对不行的,所以我们才会提倡中庸。

这样一来,人们就会说:"啊,听你这么一说我就明白了,原来如此。"然后其行为尺度渐渐缩小成一尺左右,这样就不至于受伤而跌倒了,就会在感觉疲惫之时停下来,之后获得发展。情况就会变成这样。

对谈者:但是我觉得如果年轻人事事都讲求中庸之道的话,那就不会进步了。

松下:不。这并不是在说中庸就是要求大家一动不动,而是在告诉大家要沿着道路的中间奔跑。比如跑马拉松的时候，你拼命乱跑，跑到了路边房檐下，最后一定会被路边的广告牌撞到。不要这样做事，如果跑就要沿着道路中间跑。在中间跑的话，无论你怎么奔跑都没关系。这才是我要告诉大家的中庸之道。

我并不是要阻止年轻人四处奔走，要保存力量。而是说，我们要给出一条道路，让他们沿着这条道路走。如果不规定一条具体的道路，那么不管多么宽阔的大道，都会有狭窄的时候，所以很有可能你就会被广告牌撞着，这会很危险。（笑）事情就是如此简单。

16 知识也会成为负担

　　有些东西唯有特定之人才能掌握并运用自如。希望大家能认真思考一下自己是否能够熟练运用不断增加的知识。

我的家乡是和歌山县。知名的高野山也在和歌山县。要说和歌山县出了什么名人，那就是弁庆。我原本并不知道这个人，去年与和歌山的市长见面交谈时，他问我："松下，你可知道弁庆是哪里人？""哪里人啊，京都人吗？""不对，他是我们县的人啊。"因此，我才知道弁庆出生在熊野的地方长官之家。弁庆相当伟大。

以前，有个故事讲的是比睿山和江州（现在的滋贺县）的三井寺的争执。宗教也发生争执，我觉得这个故事很有意思。它说的是弁庆把比睿山的吊钟拖到三井寺的事。这可谓是真正的神力！事情到底是真是假，我并没有看到自然也无从知晓。但证据之一是，吊钟上挂着假宝珠（柱子顶部的装饰）的那个地方呈现出受到了磨损的样子。这说明在将它拖来的路上，吊钟被石子、泥土磨损。这的确是我亲眼所见。

当时，吊钟旁边放着弁庆的七件用具。长刀、锯子等各式武器共七件。其中的一把长刀，大到了我们无法拿握的程度。据说，他一个人就能同时拿这七件武器。我还听说一到紧要关头，弁庆就会抡起这些武器，真是非常了得，的确堪称豪杰。当时我的感受是：这七件武器的确是极好的，然而它们只有到了弁庆手里才能被熟练地使用发挥威力，要是放到我手里的话，别说七件，一件就能把我累趴下，哪里还能朝着敌人进攻呢。

我联想到，如果我们掌握的知识就是弁庆这七件武器中的一件，或者七件。知识并不是人本身，就像这七件武器并不是弁庆本人一样，我们可以将今天的科学或者知识看成弁庆所持的长刀、锯子等武器。可见，它是非常沉重的。所以知识不断增长固然是好，但如果没有能够熟练运用知识的"弁庆"也是万万不行的。

我们的问题就在于，并没有想到应该如何培养弁庆这样的人才，只是想着要给大家这七件"武器"，就创建了很多大学。或许我们已经准备好了很多这样的"武器",那我们是否能够凭借这些"武器"为社会、为国家或者为彼此出色而有效地发挥作用呢?或者说,是不是有时候这七件"武器"成了大家的重担呢?每当说到这些,就会有人说:"你说的这种情况,可能确实存在。但是大多数的情形并非如此。总体而言,还是以培育人为主的,所以不用担心。"果真如此的话,那自然是好,可现状究竟又如何呢?

17 仅凭聪明无法创造出新事物

只有聪明是不行的,仅凭聪明无法创造出新事物。具备了一定程度的才智,还要有热情。想方设法做成事的强烈的热情才是创造的源泉。

我们拼命努力地工作，最终却没获得真理，那可不行。只要大家有要做成一件事的热情，就一定会创造出新事物。

有人凭借才智或者聪明创造事物，也有人凭借热情，大家的方法各有不同。我认为，凭借热情创造事物才是真理，仅凭聪明是无法创造事物的。靠聪明创造的事物只能流于肤浅。只有想方设法要做成事的强烈的热情，才能让人真正有所思考，有所创造。一个天生愚钝的人就算有无限的热情，也没办法拥有才智。然而，一个拥有一定才智之人，往往那股热情却稍显逊色。

如果释迦牟尼足够聪明，那不用走出王城就能幡然了悟了。他还是不够聪明吧，所以才会在决定找出真理之际，离开王城，进入深山。即便过着那种饥一顿饱一顿的生活也毫不厌烦，想尽办法追求心中的真理。这一切在他看来都是有意义的。真是充满热情啊!

如果释迦牟尼没有足够的热情就不会离家出走。释迦牟尼是名副其实的皇太子。可见,就算是皇太子,要是没有足够的热情也做不成事。毋庸置疑,他是一个聪明之人,但只有聪明是远远不够的,热情才是不可或缺的。实际上,聪明之人才无比困扰,因为他们只会讲一些大道理,缺乏实干的热情。

18 拥有同情和慈爱之心,才是真正的强大

在过去,一名武士要文武双全,还要有同情和慈爱之心。而这就是武士的价值。你是否会因为强大而蔑视他人?能否做到善待弱小,不骄傲自大?

我和大家不同，没有上过中学。虽然没能上学，但是作为一名小伙计、生意场上的小学徒，我学会了很多，比如做生意的方法、与顾客说话的方式，以及如何才能做到珍视顾客，如何与顾客交往，等等。

简单地说，师傅使唤我去他亲戚家办事，我会把信件装在匣子里带着。这是我小时候的事，距今有五十年了，现在几乎没有用信匣带信的了。如果带着信匣去亲戚家的话，先要说一些关于季节的寒暄语。"我是从什么地方来的。今天天气真好，大家的心情可好？"说这些话的时候，一定要跪坐着，双手触地郑重其事。类似这样的礼仪，师傅会一个一个认真地教给我。现在想想，这些真的非常重要。

在人与人的交往当中，并不是只要把事情办了就万事大吉。一些温暖有礼的举止能推动事情顺利地发展。如果只是传达信息就可以的话，我只要说"请您打开这个信匣看一下吧"就可以了，但这样就非常失礼。就像我刚才说的那样，我们在说事情之前先要和对方寒暄。

对方对我说："那您辛苦啦！请先坐下休息一会儿吧。"在我坐着等待的时候，对方打开信匣阅读了信笺，随后告诉我："我都知道了。你回去以后，请这样告诉他。"我回答："好的，我知道了。"我一边说着一边起身准备离开。这个时候，对方说："这个你拿着，就当跑腿费吧！"顺手就给了我一个包子。这太让人高兴了。那时能得到一个包子，我就非常高兴。

人与人之间要有一种温润之情，或者说人情味。知识和技能固然非常重要，但没有情感滋润着生活的话，现在的社会就难以维系。因此，我们在学习知识和技能的同时，要认真地思考作为人应该具有怎样的生活态度和心理素质。这就涉及教育的问题。受到了良好的教育，不光指掌握知识和技能，人还要有很好的精神准备。基于这个精神准备，我们灵活运用知识和技能的方法也会发生变化。

过去人们常说"只是强大并不能称之为武士"。这句老话体现了武士要有慈悲之情，还要有体谅同情之心。只有这样才能善待弱小，才不会骄傲自大、自视清高，才能在面对强大的恶人对手的时候挺身而出。武士必须有这样的勇气，必须勇于展现武士真正的风采。

武士要武艺高超，要学识渊博，要有同情怜悯之心，要付诸实际行动，培养慈爱之心。只是武艺强大，不能成为真正的武士。这就是过去人们常说的武士应有的修行。

身为武士，剑术太弱当然不行，必须勤奋地研习。学问也是如此，那是否有学问并且武艺强就可以了呢？绝非如此，还要具备真正的慈爱之心。据说，这是一名真正的武士的价值所在。因此，武士才持续修行。

真正的武士，绝不会靠自身强大的武力来对付别人。就算自己非常强大，也会低下头来善待世人，谦虚真诚地和大家交往。他们确实有时会对一些有问题的人动武，但不会自恃强大而轻视他人。

19 珍视每一天的工作并持之以恒

获得别人的好评,大家会开心不已。只有结束一天的工作之后,觉得自己干得真不错,能够如此称赞自己并能持之以恒的人,才可以成为社会的成功者。

承蒙大家的关照，一直以来都是我在主持松下电器的工作。从开始做生意到现在已经快四十八年了，说真的，一直以来我都觉得自己并没有什么计划。也许有人会说："哪里呀。松下电器在生产产品的时候还是有相应的计划的。"但老实说，我认为自己并没有那种长远的计划。

能够取得今天的成就，是因为我能认真地对待每一天，认真地对待每一天的工作。回想起当年，我并没有要建立一个大工厂这样远大的计划。虽说我多少思考过明天、后天、下个月该怎么办，但我基本是把当天的工作看得非常重要，坦率地讲现在大体上也是这样。

珍视当下，从而收获完满的一天，然后迎接明天。这样一来，我想每一个早上或者晚上，多少都会取得一些进步。因为珍惜眼下这一天，所以在一天中总会有些许进步。第二天，我们就会在这个进步的基础上努力，那么到了晚上，又会取得一些进步，之后又迎来新的一天。我认为日子就是这样持续下去的。

我对身边的年轻人说的每一句话，都来源于对自己走过的路的思考。我时常会说："书本上经常会写，一个人绝对不能失去梦想，我并不否认这种看法。但我们不能因为怀揣远大梦想就忽视了现实。我们要认真地对待当天的工作。明天自然会刮明天的风，我们更应该珍惜今天。"回顾过去，我就是这样一路走来的。

如此说来，珍视每一天的生意，珍视每一天的工作，如此积累下去自然就会取得一个又一个进步。这份进步积累下去，不知不觉间我们就能担负起更重大的工作，从而建立起深厚的信任。这样的工作必然是能让客户满意的，了不起的。

我现在都记得，我们五六个人一起工作的情景。因为是夏天，所以工作结束后大家都会冲冲凉。不是因为没有澡堂，而是当时烧开水用脸盆冲澡已经成了大家的生活习惯。完成一天的工作，我一般都会冲个澡，把身上的汗冲掉，然后去吃饭。记得就在冲澡的时候，我突然觉得"今天，我干得真好"。当时，我的内心洋溢着满足感。

那时，我还不知道一个人得到巨额财富之后是什么感觉。但直到现在我都记得当时那种对自己一天的工作很满意，称赞自己干得真不错的心情。

一个人能够获得他人的好评，心中自然会有各种感慨。如果一个人能自我评价，或者说是能称赞自己，并持之以恒的话，我认为他才会成为社会上的成功人士。

我们把工作量之类的放在第二位，不管我们从事什么样的工作，只要是有这种心态，就一定会或多或少地取得一些出色的成果。因此，我觉得这种意义上的成功，在某种程度上是通过转变心态获得的，不是吗？

20 易怒之人缺乏实力

有实力的人,在理应气愤的时候也不会气愤,会不断钻研和追求事物内在的奥秘,在该做的事情上投入全部的精力。

有些人很容易生气，这就证明他并没有实力。一个有实力的人，在理应气愤的时候也不会气愤，会进一步追求和钻研事物的奥秘，做自己应该做的事。这是有实力之人的重要特点之一。

如果从聪明、力量或学问等方面来看，很多人都比我强得多。如果让他们来经营公司，未必会一切顺利。

凡聪明之人都懂道理明是非，这自然是一件好事。但是他们往往会因为懂道理而容易生气动怒，会对一些事情感到愤愤不平，并觉得"这简直是岂有此理"。这就是聪明的巨大弊端。

如果一个人不聪明，那么他是否就会不明是非，任意妄为呢？并非如此。一般来说，每个人都有一定的常识。如果一个人很聪明，但为了那些不必愤慨之事而气愤不已的话，聪明就会发挥出负面的作用。在我看来，是有这样的可能的。

21 顺利之时不忘艰辛之事

一旦发展顺利,人就会忘记曾经的艰辛和痛苦。事情接连三次进展顺利的话,就会有危险。不知大家是否注意到了这一点。

偶尔一时兴起心血来潮放任自己是可以的。如果始终如此，执迷不悟，必然会遭受巨大的挫败。当前的社会形势已经逐渐显现出了一些萧条的征兆。社会层面的一个表现就是青少年罪犯的大量增加。从经济层面来看，许多公司都开始缺钱了。因为缺少资金，很多公司都在请求延长支付日期，如此一来，银行也没钱了。报纸每天都在报道，想必大家也都知晓。我认为这也是征兆之一。

如果我们多加思考就会发现，只要一帆风顺，人就会忘记以往的艰辛和痛苦。那些没忘记艰苦岁月的人非常伟大。历史上有位伟人曾说过"胜而不骄，就算赢了也要勒紧裤腰带"。这是一种劝诫。人啊，在顺风顺水的时候往往觉得别人都是愚笨的，自己是伟大的，还会用这样的观点来看待问题。

从我个人的经历来看，如果接连成功了三次，接下来就会有危险。如果三次中成功两次，失败一次，这样持续发展下去的话就能少犯一些错误。

人就是这样，往往把握不好分寸。状况好的时候，容易心血来潮，虽然自己并非侠客，但会变得格外大方，开始是宴请宾客，叫大家"别客气，来来来，吃寿司""来一杯，多喝点"，之后就赠送财物"这个你拿去，那个你也拿上"，最终弄得身无分文，该付的钱也不付了。人很容易变成这样。

现在，整个日本正在逐渐显现这样的征兆。当然，换个角度来思考的话，这也是一种非常好的状态。因为如果我们注意到了这些征兆，自然就会重新勒紧裤腰带，下定决心再大干一场，这样一来事情就会向着好的方向发展。

22 青春无比珍贵

　　我们无法返老还童,所以青春是非常难得的。我们一定要认真体会、仔细感受,珍惜青春并让它散发光彩,发挥作用。

我想和大家说的是，时光如梭，年轻的岁月会转瞬即逝。五年、十年的时间转眼间就过去，我就快满六十九岁了。按照以前的说法，人到了七十岁就已经是个老头子了。回首往事，我的确有一种往事宛如一瞬的感觉。

过去人们常说"光阴似箭"，意思是岁月的流逝就像射出的箭一样快。仔细想想，我觉得确实如此。当回顾的时候，我就会想："不知不觉自己已经上了年纪，老啦！真想和大家一样，想再年轻一次！"但只能想想而已，是做不到的。无论你如何向神明祈求，或是穷其所有拿出所有的钱来交换，都是无法返老还童的。

大家现在拥有我没有的，也不可能再有的就是青春。一个人的青春是非常宝贵的。令人遗憾的是，我已经失去了它。

话说回来,大家对青春的认识程度究竟如何。换句话说,不能因为年轻就挥霍时光。我认为大家要仔细品味这宝贵的青春,让它进一步发挥作用,散发光彩。时光转瞬即逝,大家一定要认识到在人的一生中,青春是最为宝贵的。

第三章 事半功倍的工作观

23 你是否在努力寻找工作

如果我们用心观察一下这个社会，就会发现该做的工作不计其数。而有人感叹没有什么工作可做，是因为他们并没有真正为寻找工作而努力。

今天下雨，路况非常差，汽车溅起了路上的泥水，这使我心中充满了歉意。据说，美国所有通往乡村的路都是铺好的。再来看我们，就算是相当重要的主干线也是坑坑洼洼。我真心希望这些路都能尽快铺好。当然，这是政府的事，不可能按照我们的想法来，但只要动工就需要大量人力、物力，就会产生大量的工作。

不仅是道路，如果我们留心观察就会发现这个社会要做的工作不计其数，要多少有多少。而那些感叹没有工作可做的人，并没有真正地为寻找工作而努力，不是吗？

我早上坐在车里思考这些问题的时候，突然明白了一个道理，那就是无论我们的工作做到哪种地步，都不会走投无路陷入僵局。因此我内心产生出一股非常强大的力量。

24 要把精力放在自己喜欢且有趣的工作上

我们不能做自己讨厌的工作，要将精力放在自己喜欢并认为有趣的工作上。在职业的选择上如此，在职务级别的选择上也要如此。否则，我们的工作就会濒临死亡。

工作有时会让人产生厌烦的感觉。而当你做的这个工作非常不适合自己的时候，你就会感到疲惫或其他种种不适，有时还会头痛，不得不早退。如果我们能从工作中体会到乐趣，那么就算略感头疼也会痊愈并无大碍。所以，我认为在工作的时候能够饶有兴趣地投入其中极为重要。

如此想来，不能做自己讨厌的工作，一定要换一份自己喜欢的工作。在我看来，必须做自己喜欢并认为有趣的工作。否则，工作就有"死亡"的危险，大家也会因此烦恼。我觉得大家不必有顾虑，要好好思考一下。思考清楚了，大家才能充满干劲，兴致勃勃地聚精会神地工作。当这种力量凝聚起来必然就会产生巨大的功效。

我们要思考如何才能让大家充满兴趣地工作，换言之，就是在工作中如何才能做到量才适用，人尽其才。如果对比两个不同的集团就会发现，在用人方面做不到量才适用的集团与能够做到的相比，在发展上会有巨大的差距。因此，我认为要尽最大努力做到量才适用，让员工能充满兴趣地工作。这是经营公司必须考虑的重要问题。

这么重要的问题，当然是要经营者来思考的，但不能把希望只寄托在经营者身上。大家也要对这个问题有自己的思考，要从善意出发提出建议。一定要善意地思考问题，解决问题，这样才可以凭借大家的力量，尽力做到人尽其才，实现真正的共同发展。

一个人如果意识到虽身为科长，但做科员更能发挥作用，那就要明确地提出："虽然我是科长，但总觉得科长这一职位不适合我，所以想辞掉科长一职。我觉得自己做一名普通员工更能发挥作用，也一定能干好。"但是在日本，一般不会有这种情况。一个人只有真正地埋头工作，理解了工作本身，并感受到了工作的珍贵才可能做出这样的事。

在日本的公司和政府机构，工资大致是根据职位来定的。比如我想给某人月薪十万日元，如果他是一名普通职员，是没有办法做到的。他不是科长，就不能领这个工资，只有让他当上科长才行。这在日本已成一种趋势。

实际上，与当科长相比，有些人就是更适合做普通职员，在这一岗位上不仅能把工作做得更好，还能从中感受到工作的喜悦。我认为要给这些人相应的待遇，这在日本却实现不了，所以只能把他提拔为科长。这样一来，他也很苦恼。我认为这种情况日本比美国多得多。

依我的经验看，这五十年间，公司已经有几千人当上了科长，在我提出任命的时候没有一个人回绝。没有一个人说："社长，这会让我很为难。""为什么会这么说呢？""您让我当科长，这有点不合适。我现在的工作是最好、最适合我的。科长这个职位，一定有其他更适合的人，不是吗？"实际上，当我说"你来担任科长吧"，大家的回答无一例外，都是"谢谢您！我一定会好好努力的"。但我认为总有一天，松下电器或者在日本其他地方,会出现我刚才说过的那种情况,而且必须出现才行。因为只有那样,我们才能说做到了量才适用。

25 希望我的公司成为一个被人喜爱的公司

你是否已经找到了竞争对手的优点,并与之产生了共鸣?你的公司是否被人喜爱,是一个能让竞争对手乐意告诉你弱点的好公司吗?

松下电器是从微小的、不起眼的小工厂逐渐发展壮大的，是一年两年三年这样不断努力和积累了六十年才达到了现在的水平，成为全行业的销售冠军。如果我们停滞不前，第一的位置就会换成别人，不只是营业额，所有的产品的排名也都会变成第二。现在公司已经出现了这样的征兆。

大家一定要好好思考一下，如果我们不能更加坦诚，不去发现对方的优点，情况就会变得非常糟糕。我们不能责备和怪罪对方，必须认可对方的优点，并与之产生共鸣。这样的话，竞争对手就会告诉我们："你们松下把这个这样做一下，如何？"他们就会抓住我们的弱点来教我们做事。

如果对方总是想法设法对付松下，打败松下的意志非常强烈，完全超出了必要的程度，这证明我们不受对方待见，没有获得对方的好感。或许存在一些我们不得而知的误解,也许就是一些误会才让对方有了这样的想法。我希望我们的公司成为一个被人喜爱的公司,要让大家都认为"松下电器真的是一家不错的公司"或是"松下电器不只关心自己,也会担心和顾及我们公司"。

26 有自我培养的意识和能力

如果我们没有热情、不下功夫,也没有自我培养的意识和觉悟,就不可能成长。在成长的路上,如果能遇到一位合适的指导者固然再好不过了,就算没有遇到也未必是坏事。因为只有自己思考并实践,才是真正的修炼,才能实现自我成长。

松下电器至今已有四十年。四十年来，没有人教过我到底该如何经营。面对竞争对手，面对顾客，在接受各种埋怨、责备、期待和建议的过程中，我们不断下功夫，努力学习，学会了如何经营、如何制造，才有了今天这样的成就。

在这个过程中，我们的确是经历了千辛万苦。如果没有付出这些辛苦，就不会有今天的松下电器。如果能有一个非常好的机构，手把手地教如何经营公司、如何定产品的价格，定价后如何销售等，教授的这些技巧又能"百发百中"的话，我们必然会轻松许多。因为只要按照它说的去做就好了。但世上没有这样的机构。

破产的公司另当别论，如今现存的任何一家公司都是下了很大的功夫，不断地努力积累才生存下来的。这些生存之道都是各个公司凭借自身的努力，刻苦学习获得的。也只有这样，公司才会不断发展，不断成长。如果公司懈怠，不注重自我培养，或者做法欠妥、不得当，就会在竞争场上败下阵来。这个道理是适用于每一个人的。

我要告诉大家的就是这个。今后大家都要进入职场，在职场中，不管是做技术还是做业务，如果没有热情，不下功夫，那不可能很好地发挥作用，不可能把工作做得更好。如果缺乏热情，就算学校的老师能给予适当的指导，也无济于事。所幸大家既有热情，又得到了学校老师的指导。

我认为一个公司不可能将全部精力投入到培养优秀员工上。实际上，公司只是为你提供一个职场、一份工作，然后对你提出要求。所以，大家要思考的是该如何自我培养，要动脑筋想办法，要付出各种努力，要有自我培养的觉悟。

如果幸运的话，你也许会在职场上遇到一位真正适合做指导还非常擅长培养人的主任。如果你碰巧进入了这样的职场，那应该会很幸福。这当然是一种非常好的状况。但并不是哪里都会有非常合适的指导者，不如意的情况可能会更多一些。这个时候该怎么办呢？如果有人能够很好地给予引导，你自然会少辛苦一些。如果并非如此，你会悲观，会失去希望吗？这些都于事无补。在没有合适的指导者的情况下，一定要独立思考，并进行规划和自我培养，这样才能得到真正的锻炼，得到真正的陶冶。

27 努力提高说服力

只是学习教科书上的表达方式很难成为一名合格的生意人。要把读过的东西放进脑子里,还要实践和演练。在你带着强烈的愿望,不断积累实践经验的过程中,不知不觉就会掌握一种生意人的说服力。

如果一个生意人觉得一件商品非常不错，希望把它卖给大家，这件商品对大家来说也的确非常有用，那么成功地说服大家购买这一商品就是生意人必须做到的。

大家在日常生活中磨炼出来的精神或思想之力成为一种信念起作用时，说服力就自然展现出来了。如果大家为了某项工作倾注了心血和精力，那么说起话来的时候，自然就会有一定的说服力。

一个生意人如果没有说服力就无法获得成功。给顾客推荐一个商品就要看推荐方式是否巧妙。一般来说，销售的成果取决于销售方式，不同的方式会导致销售成果上的巨大差距。所以灵活的销售是大家必备的一种技能。为此，我们必须了解顾客的想法，了解顾客的需求，让他产生"好，我买"的想法。在这个过程中，如果我们说话的语气没有力量，就难以推销成功。推荐产品、销售商品的语气和气势必须非常强大有力。

到底是这种推荐方式好,还是那种销售方法好呢?对于这些讨论,不可一概而论。因为每个人有不同的特点。根据个人的不同特点,推荐产品的方式也应有所不同。虽说销售方式各有不同,但最终大家必须根据自己的特点掌握某种说服力。而这种创造性的力量是大家在平民百姓的生活中,在实地调查学习的过程中,在某种程度上捕捉到了大众的正确的认知,或者说是在有了卓越的见识之后才能掌握的。如果你要问是不是只要读一下教科书,学习一下应该如何跟顾客讲话就能成为一名合格的生意人,我认为肯定不行。是不是读了教游泳的书,我们马上就能游泳呢?答案当然是否定的。学游泳要泡在水里,有那么一两次喝水的经历,还要接受别人的指导,听他讲该如何游。之后反复练习,你才能真正地掌握这项技能。如果只看教科书,就算看上三年你也掌握不了跟顾客讲话的技巧。

同理，就算读了上百遍关于销售的教科书，我们也绝不可能提高销售能力，必须将这些知识放进脑子里，并且实践和演练。练习时，你可以这样说："我想试销这个商品，推销一下试试看，因为它对大家都有好处。是为了顾及自己的生意，也是为了顾客好，于顾客有益。所以我一定要将它推荐给大家。"演练的方式多种多样，通过不断的实践和积累，我们就会在不知不觉中掌握生意人的说服力。我觉得事情一般来说都是这样的。

28 让失败发挥作用

失败是非常糟糕的。但也正是在这种时候,我们才能让对方了解真正的自己。所以失败也是一种转机。

当遭遇了一次失败，我们往往会无颜面对对方。这是常有的，也是对失败的一种看法和认识。经历了意想不到的失败，给对方添了麻烦，自然就会担心挨骂，受批评。但是难道你不觉得只有真的挨了骂，事情才会变得更有意思吗？

失败的后果的确非常严重。正是失败了，我们才需要抓住机会和对方讲述事情的原委。换句话说，我们是得到了一个诉说心声的机会。对我们来说，这是一个非常好的机会。

如果没有失败或者什么事都没有发生的话，大家能讲的只能是一些普通的话和普通的事吧。失败导致我们给对方带来了巨大的困扰，那么对方必然非常生气。也正是在这种时候，我们才能向他诉说自己内心真实的想法，才能和他结下缘分。

失败会变成一种契机，让我们和对方携起手来，让对方真正了解我们。总而言之,我认为失败是一个能让别人了解自己的好机会,一定要抓住这个机会。

29 平凡的小事更重要

受到委托,事后一定要汇报。如此一来,委托人会高兴,你也会逐渐积累起信任。这是一个人成为不可或缺之人和受人器重的第一步。

前辈们常常会拜托大家做各种事情，事后大家一定不要忘记汇报结果。我希望大家都能记住，都能认真做好汇报工作。

上司对你说："你帮我给这个地方打个电话，好吗？就说'我原来说好今天要和你见面，但是今天有点忙可能没法见你了，明天再见吧'，就这么说吧。"于是你回答："我明白了。"然后，你去打电话，也把上司的原话告诉了对方。那么，你有没有打电话告诉上司，"我已经打过电话了，对方说知道了"？的确有认真汇报结果的人，也有很多忘了汇报的人，更有根本就不汇报的人。

这会导致非常大的差距。大家工作的时候，必须汇报，不汇报绝对不行。日本人都有不汇报的倾向。在这方面，外国人做得非常好。这看起来似乎没有什么大不了的，但能否认真汇报工作是非常重要的指标，体现了一个人是否有可信度，是否严谨周到，是否值得信赖。

客户委托我们一项工作，我们就要如实将事情汇报给公司的相关部门。这样自己的工作基本上就算完成了。但我们不能只做这些工作，还要打电话或直接告诉对方"您委托给我的事，我已经告诉了公司里的哪位同事了，请您放心"。这样，对方就会觉得"松下电器的人真认真哪"，自然就会对我们十分满意。就算对方认为没有得到回复也没关系，只要把事情交代清楚了就可以了。这种情况下，如果我们能给对方回话，对方必然非常高兴。问题就在于我们能不能做到。我认为能做到的人一定会逐渐积累起自己的信用。

有人只会传达，不会回话，不会说"这件事情我已经这样做了"之类的话。这样的人想进一步获得周围人更好更多的信任是不可能的。请大家一定要记住，这并不是什么大不了的事，但非常重要。

我最近对这些深有体会。"我拜托他帮我打电话，不知道他到底有没有打，事情进展如何了？"如果对方没有回话，我就会担心。然后我就会问他："你联系对方了吗？""联系过了。""是吗？"情况就是如此。如果他找个机会通知我一下，告诉我"已经联系过了"，我是不是就放心了呢？要知道如果一个人非常忙的话，可能就因为没有确认而错过一个良好的机会。如果我们能将联络的情况找个机会告知对方，真是再好不过了。虽然这些看似并不重要，但我认为它最终会成为我们获得众人信任，受到大家器重，成为一个不可或缺之人的第一步。

在这个世界上，一个人能否成为一个伟大之人，能否担负重要的工作，和他是否聪明必然有着很大的关联，但与聪明相比，绝不疏忽细小琐碎之事的这种谨慎用心才是其更为强大的力量源泉。

我们不能成为只会解难题，却做不了平凡小事的人。要知道，平凡的小事更为重要。要不断积累平凡小事，为自己建立基础。有了这样的基础，再加上自己的智慧和才能，就可以让积累的经验发挥作用，就会不惧危险。

30 有诚意、热情和信念

客户抱怨,一定是有理由的。希望你能拥有让这些严格的客户感到满意的诚意、热情和信念。

我曾看过这样一篇报道，说的是两个师傅，一位师傅的教导方式很适合他的徒弟，师傅对徒弟简直是无微不至，徒弟也很满意。另一位师傅不仅极为严厉，还是个有完美主义倾向的人。只要他不满意，就会严厉地训斥弟子，有时候还会动拳头，可以说是一个粗暴之人。一般来说，谁都会讨厌这样的人，不想做他的徒弟。实际上，往往这样的师傅能培养出大师。我认为这必定有原因，并且我的确从中悟出了一个重要的真理。

我们做生意，要将生产出来的商品销售出去。我们在推销的时候，有些客户会说"不错"并直接买下来。但有些客户不会这样，就算我们生产的产品再好，他们都会挑毛病，并讨价还价。我们都觉得这样的客户非常麻烦。因为是客户，所以我们绝对不能生气动怒，为了让他满意，我们就只能更加努力。

如果一个公司有很多这样的客户，为了留下这些客户就得长期不断地努力，如此一来这个公司必然会获得巨大的发展。我做生意已经很多年了，我经常研究松下电器的所有产品。一些要求严格的客户也时常对产品提出批评。正是因为有了他们，才有了松下的今天。如果我们不认真研究产品，顾客也不发表意见，只会说"好，好的"然后就拿去用，这种情况一旦普遍存在，当时我们一定觉得很幸福，长此以往，我们就不会去钻研，也不会去学习了。

客户有很多不满，一定有不满的理由。有些员工手头的客户比较严格或者对接的制造商很难对付。虽然他们的工作看起来做得艰辛，但只要不畏辛苦，努力做到让客户满意，他们的本领和思想就会获得巨大的提升和进步，能力就会不断提高。

这就和师傅与弟子的故事一样。公司还是要有一些难缠的客户，我们要牢牢地把握住提出一些无理要求的客户，努力做到让他们满意。只要我们有这样的诚意、热情和信念，公司就会持续不断地发展壮大。

这也适用于我们的父母。一般来说，母亲会非常亲切，而父亲会比较严厉。所以和严厉的父亲相比，我们和慈爱的母亲更加亲近。但只有母亲是不行的，如果没有人敲打，不经历真正的风雨，我们就无法得到真正意义上的锻炼。

大家从今天开始就要踏入职场了，因此我想告诉大家，如果有幸遇到了一位能够保护大家，并给予大家适当指导的主任，当然很好。如果并非如此，大家遇到的那个主任非常严厉，不好相处，换个角度来说这对大家会更好。大家一定要有这种强大的信念，这样才能成为一个真正意义上的有用之人。

31 要抱着"我就是社长"的态度来工作

成为一个社会人，就意味着要通过自己的职业奉献社会。而作为一名公司职员，大家一定要有这样一种气魄：我们就是自己的社长，在做着"职员"这份工作。只有这样，我们才能更好地为社会做贡献。

进入松下电器是大家作为一名职员迈出的第一步，也是作为社会人迈出的第一步。在独立之后，不论你想做什么都要对社会有贡献。因为我们能够受到保护得以周全，就是承蒙社会的关照。所以我们在自己擅长的领域为社会做出奉献是应尽的职责，是理所应当的。

如果所有的人和事都保持完全孤立的姿态，我们就无法完成工作。所以我们要在企业、商店或者政府就职，在这些地方为大家提供服务，为社会做奉献。虽然这并不是一种完全独立的形态，但是通过企业、通过工作，我们以一个独立的个体的姿态开始对社会做奉献。我认为这非常重要。

大家既是公司职员，也是社会人。大家的工作就是通过公司对社会做奉献。进入其他企业的人也是通过工作，通过就职的企业在为我们做奉献。这是奉献与奉献之间的一种交换。我认为这种相互奉献自然会推动经济的发展，促进社会的繁荣，最终使人类获得幸福。

我们以一份工作来立身处世，或者说我们以员工这个职业来安身立命，从本质来看是独立的。大家都是某某员工这一公司的社长，如果以这样的角度来思考问题，那会怎样？想想看，你是一名员工，同时员工的社长就是你。实际上，我也是这样的。如果我们能以这样的气概来看待问题，工作一定会变得非常有趣。

很少有人能始终保有这样的气概。不知不觉，大多数人就毫无征兆地沾染了大家口中的社会上那种工薪族的气质，并在内心产生在被他人使唤的感觉。

如果从广义的角度来解释被人使唤的话，松下电器也是作为一个团体在供世人使用。比如，我们时常都会接到这样的吩咐："松下，你给我做一个这样的东西。""好的，知道了。"松下三万五千人都是这样被社会使唤着。

当听到"你来做一下这件事，你要这样来做"的时候，我们一般就会回答"好的，知道了"。但这不能称为被人使唤。应该说我们在以这样的工作为营生，它是独立自主经营的。假如大家能这样解释问题的话，心胸自然也就打开了，心情也会变得非常舒畅。事情确实如此，事情的本质的确是这样的。

32 有"袭击他人睡眠"的勇气

就算是推销和销售东西,一样能通过让人购买产品给大家带去快乐和幸福。如果能想到,不管怎样世界都会不断向前发展,那么必然会满怀勇气凛然前行。我们的工作自然也会因此更加有趣。

曾经有一个公司的员工，他早上七点左右就来到了我家门口，等着我开门。"你是有什么事吗？""不，没有什么事。因为我平时都在公司，见不到您，所以就在这个时间来打扰了。我知道这很失礼，实在是对不起！无论如何我都很想见您一面，向您请教！""你还真是好学！说吧，什么事？"于是他说："我还是想给您介绍一下我们的这个产品。"就这样，他一边说着一边把自己带来的东西拿了出来。

当我问："你这么早就开始工作，一定很辛苦吧？"他回答："不，一点儿都不辛苦，我觉得这很有意思呢！"他还说："一想到今天能见到您，我就觉得很高兴。心里早就充满了期待。"虽然我并不知道他说的这些是真是假，但他的确是这样说的。于是，我说："那就请进来吧。"之后，经过交谈，我购买了他带来的产品。也就是说，他推销成功了。

在现在的公司，是不会有人让你起这么早去卖东西的。我想也会有员工像这个人一样吧。对那些我们平时见不到的人，自然会想到"袭击他们的睡眠"。因为不这么做不行啊！实际上，如果大家真能这么做，工作就会变得非常有意思。如果你担心这么早去别人家会被人讨厌，因此畏首畏尾，对你来说推销就变得无比痛苦。那么，你的腿也就迈不开也前进不了，这样一来，当然无法取得成功。

推销并不是做坏事，我们只是拿着一个产品去告诉大家：如果你愿意使用它的话，会给生活带来很大的便利。因此，就算我们见到的是一位夫人，也要大大方方地告诉她："请您务必试用一下这个机器。"如果她说"不，这太贵了"，那我们就要说"这个是最合算的，没有比这更划算的了"，你还可以说"请您试用一次看看，这个机器能做冰激凌，用这个机器做出来的冰激凌比起其他地方卖的好吃得多，您先生一定会非常高兴的"。我们一定要这样劝大家来购买冰激凌机。这样一来，也许她就会说："是吗？"然后花钱买下它，之后用这个价格不高的机器为家人做冰激凌。当她先生回来之后，就能说："天气这么热，你吃个冰激凌吧。""这个冰激凌真是太好吃了！"如此这般，家里就会上演这样无比温馨的画面。

我们存在的意义就是给大家带来这样的快乐。或许你觉得这不算什么。你可能会认为生产冰激凌机的人只考虑冰激凌的事就可以了，这些生产以外的事并不重要，不是什么大不了的事。试想："要是我把这个冰激凌机卖给那个家庭的话，家里的女主人会是什么样的表情呢，而回到家里的男主人又会有什么样的表情？这对一直都在吵架的夫妻是不是就会因此和好呢？"这么一想的话，你是不是就会开心地推销产品了呢？那么很有可能就将产品卖出去了，而卖了产品，不仅自己能赚到钱，公司也能有利润。事情往往就是这样的，不是吗？

我们要能对一些事情做出这样合理的解释。那么，就算是去推销产品也能充满勇气，不会觉得它是个痛苦的差事。大家一定要用这样的思维方式来思考问题。

换句话说,一定要知道,我们给大家带来的是美好的生活,是快乐,是幸福!正是有了我们,才有了这个世界的繁荣和发展。

33 将众人皆看作客户

路上的行人皆为客户,供应商也是客户。假如我们能如此思考和看待问题,必然会低下头来鞠躬行礼,感谢大家的惠顾。

对松下电器的每个工厂来说，必须做的事就是不断推进建设新设备。所以，设备建设这项工作今后还会进一步增多。因此我希望大家要认识到，松下电器的许多产品都与建设相关。实际上，和松下电器向建筑公司申请订货的金额相比，这些建筑公司出于工作需要支付给我们的货款要更多一些。

大家眼中的这些供应商，也是我们的客户。"我们在承办松下电器的建筑工程，所以用到的产品就选松下的吧！"如果我们邀请的建筑公司能够这样思考问题，并将他们现在用到的所有产品中的一部分换成松下的，那么松下的商品必将更加畅销。关键在于肩负建筑重任的这个人是否能考虑到这一点。如果建筑公司的人来寒暄："科长，谢谢你们把这个建筑工程项目交给了我们。"而这个肩负建筑重任的人只是回答："哪里，哪里，你们辛苦了！"交谈就到此为止的话，那么松下电器的商品自然就无法源源不断地出售给这个建筑公司。我希望大家能就此事好好地思考一下。

我们是采购方，但对方购买我方产品的数量反而更多。大家一定要把这个认识放到脑子里，认真对待眼前这家建筑公司。"你们公司承办了这么多建筑工程，真希望你们也能用一两个我们的产品。"大家一定要用这种谦逊的态度来和建筑公司打交道。

今天，这里来了很多肩负建筑重任的科长。我们一定要知道：对方使用我们的产品，工厂才能运转，才能生产产品。我们又是如何对待他们的呢，是否有欠妥之处？如果哪位对我现在说的这些有不明白的，那就不能胜任科长这一职务了。

一般来说，建筑公司在向松下公司下建筑订单的时候，嘴里都会不断地喊着"科长，科长"，说各种各样好听的话，还时常会说一些向我们学到了很多东西的话。这是一件好事。如果我们能把这看作一种缘分，以学习的态度来和他们接触，让他们满意的话，他们当然就会说："松下电器真是令人佩服。对待我们这些建筑公司就像对待重要的客户。社长，这次采购建筑项目的相关产品咱们就选松下电器的，好吗？"事情就会变成这样。而实际上，这是一种人情的自然展现。如果不能让他们满意，他们就会说："摆什么臭架子！低头鞠躬的时候也还是那副很了不起的样子，算了，下次我们用其他公司的产品吧。"如此一来，我们也无法抱怨什么。

众所周知，松下电器的产品比较畅销，可以说世界上几乎每一个角落，各行各业的人都在购买我们的产品。大家在以某种不同的形式使用松下电器的产品。

由此可见，路上的行人都是我们的客户，都在使用我们生产的产品。只是因为我们并不认识他们，所以也不能表达什么。但凡认识，我们就要低头道谢，对大家说声："感谢您的惠顾。"

令人不解的是，我时常听到供货商不满的声音。一般来说，应该听到的是供货商高兴的声音、感谢的声音才对，我听到的却是他们不满意的声音。所以，我想这会不会是因为我们的采购员没有表达诚意，是不是还没有彻底认识到采购工作的重要性,所以传出了这样的声音呢?我们务必非常认真地思考一下。

34 带着使命感去宣传公司的产品

面对工作,希望大家积极地思考自己该做什么。希望大家拥有让社会变好,给人们带来喜悦,让自己幸福,使人生变得更有意义的气魄,也希望大家有带着使命感宣传公司产品的气魄。

只要是松下电器的员工,自然就隶属于松下电器,和松下电器有着不可分割的命运上的关联。大家的幸福源于松下电器的发展,而松下电器的幸福则依靠大家的努力。因此,我想说的是,之前大家用的都是别家的产品,现在既然大家已经成了松下的员工,那么就要使用松下电器的产品。

大家都有亲戚,也有很多朋友,作为松下电器的员工要对他们说:"松下电器的产品质量非常好,员工都很努力,都拼命工作。你下次买东西的话可以考虑一下我们的国民电器。"能否做到这一点完全取决于你。如果你能欣然接受并乐于说这些话,我认为作为员工,你已经迈出了成功的第一步。我想大家都已经将这些记在心里了。

大家在拿到松下电器任命书的同时,就要有一种觉悟,一定要想到必须宣传国民电器。这样的员工到底有多少呢？可能很多人都没有这样的想法吧。既然大家已经满怀热情地加入了松下电器，那么自然是对松下的工作有一定了解的。大家的责任就是把松下电器发扬光大，而这也是公司的使命，是一个让人感到喜悦的神圣的工作。这就好比是神父从学校毕业，站上了传授基督教教义的讲台。诸位的工作也是这样的，没有什么差别，希望大家能这样思考。

当然，松下电器不是宗教，大家不必站上讲台宣传教义。松下正在生产的商品凝聚了松下电器三万五千名员工的心血。所以只要是这个公司的一员，就要宣传公司。你要说："松下电器的产品非常好，是会让家庭受益的，如果要买电器产品的话，一定要买松下的。"不仅要向自己的父母这样表达，也要向朋友和亲戚这样宣传。

接到任命通知的时候，大家是否想到过这些，有多少人想到过？我认为，一定有人想过，但也有很多人没有这个觉悟，只想到"太好了！拿到任命通知啦，我也成了松下的员工了"。这只能说明你知道自己成了松下的员工，而我认为只是意识到这些是不够的。

当然，大家不必拘泥于此，没有必要因为是我说的就一定要这样思考。我是希望大家在打算认真工作的时候，在作为新实业人迈出第一步的时候，思考一下该做些什么。

现在开始思考也为时不晚。如果大家能用这样的气魄投入工作，那么松下电器将会因为迎来这样"新鲜的血液"、优秀的人才而变得更加有威力。公司的生产事业也会得到更大的发展。我认为这会让社会变得更好，让人们更高兴，使我们的人生更加有意义。

一个人心中怀着的无穷无尽的希望、豁达的精神都是源于使命，是使命的一种存在形式。如果没有这种气概，我就会心里空落落的。其实，不仅是心里空落落的，精神也是贫乏的。虽然身上一无所有，但心中藏有万般财富，如果我们大家能怀着崇高的理想，怀着让千万人愉快生活的气魄工作，迈开自己的第一步，那么松下电器必然会成为一个非同寻常的值得信赖的公司。这不只是关系松下电器一家公司发展的问题，由此产生的诸多善因，即好的结果也将惠及每一个普通人。

古语说得好，一名杰出人物有时会造就一个国家的繁荣和昌盛。如果一个社会能出一家非常优秀的公司，那么这个公司一定会成为典范，从而推动整个社会的发展。同样，如果一个公司能出一名优秀的人才，那么这个公司就会获得长足的发展。大家都肩负着这样的使命，一定要认识到每个人的作用是不同的。松下电器的员工不能放松学习，也不能放松对自己心灵的培养，希望大家引起注意，也希望大家能够对此产生兴趣。

35 拥有令人钦佩的想法和技能

并非胡乱砍价,而是言而有理的低价采购,只有这样才能获得钦佩,受到尊敬。而这样的技能,会使我们受益终身。

我们做买卖，有的时候会因为砍价而获得信赖。假如一日元的东西，我们以一日元五钱买入，让对方赚了钱。即便如此，如果你砍价的方式不够高明，就会有人当你是傻瓜并嘲笑你，说你是一个头脑简单的人。假如一日元的东西，我们能极具说服力地将价格砍到九十五钱的时候，必然有人会想："听了他这一席话，我觉得说得很有道理，看来我们的想法不变是不行了。虽然这个价格砍得我很难受，但让我聪明了很多。"不仅如此，他一定还会带着这种想法高高兴兴地回家，并认为你是一个相当可靠值得信赖的人。你也会因此受到大家的尊敬。

如果只是胡乱杀价，一定会有人说你"那家伙一定是个白痴吧"。如果你能有理有据地合理交涉，告诉他们："因为这个，所以请你给我这个价格。"慢慢地，大家就会觉得："他说得很清楚，虽然有些苛刻，但他说得很对，很有道理，这个人真是了不起。"大家一定会对你怀着这样的敬意。这就看你怎么选择，看你想不想给大家这个理由。我认为一个公司如果做不到这一点就无法取得成功，而事实也确实如此。

我在刚开始做生意的时候，都是自己去进货。试想，我是以高价买进被人当成傻瓜呢，还是低价买进后多少得到了大家的一些钦佩呢？如果我真是高价买进的傻瓜，公司规模就不会有现在这么大了。自然是低价买进获得钦佩的情况更多，不然我怎么会取得成功。

或许有人会说我把价格压得太苛刻，但我绝不会乱砍价，也不会不讲道理，我的话都是有道理有根据的。也就是说，我说的一定是符合道理的，问题在于你是否执行。"如果你认为这合乎道理，那就请你执行。作为一名社会人，如果要图安逸不降价，图高价出售商品，社会是不允许的。"因为我一直都在给大家讲这个事情，所以我们的供应商发展得都比较顺利，和其他公司的供应商相比，基本上都有着良好的发展态势。

我认为大家还是要好好研究一下这些技巧，一定要掌握既能以低价购入还能获得尊敬的思维方式与技能。一旦我们掌握了这些思维方式和技能，就会受益终身。大家在做这份难得的工作时，必须掌握这种思维方式和技能。一定要知道，自己的工作对公司的发展有很大的影响。自己的本领是否过硬决定着公司是否兴盛繁荣。我希望大家能多学多练，不断进步。

36 不能只是嫉贤妒能

一名优秀人才会带动一个团体的发展，提升大家的水平，让大家拥有更高层次的幸福感。希望大家都能明白，让优秀而有能力的人做适合的工作，是会让整个团体都受益的。

目前，大家已经经历了各种事情。大家有过因失败而伤心的时候，也有过痛苦艰辛的时刻，当然也有非常开心和骄傲自负的时候。通过这些经历我想到的是，假使这里有一百个人，那么在这个百人的团队中，一定会有一个人不仅想法十分得当，而且工作也做得恰到好处，关键的时候总能发挥作用。一般来说，每个公司都会有这样的员工。

一个团体中，如果有一两个或者三四个如此优秀的人才，他们一定会在这个团体中找到属于自己的位置，还能获得升迁。那么，这个团体作为整体又会怎样呢？我想他们会为整个团体带来幸福和发展。

这是我基于个人的体验得出的结论。比如现在这里有十个人，在这十个人当中，出现了一名非常优秀的人才。那么，这十个人的团队就会因为这个人而获得发展，团队整体的水平会得到提升。这是理所当然的，我们也必须这样思考。我认为这是至关重要的实际问题。

为什么我会提及这些事情？因为我的生意伙伴里有一家中型企业，当时它的经营处于不好不坏的状态。后来这个公司招收了十名新员工，其中有两个人非常优秀。这两名优秀的员工也有幸得到了社长的提拔。因为是一家中型企业，自然就会有很多很有经验的老员工，但拥有"新知识"的新员工很少。公司计划扩充规模，才下决心招了新员工。值得庆幸的是，虽然他们进公司的时间短，但表现出色，所以公司给了他们优厚的待遇。

当出现这种情况的时候，公司或者团队中往往就会遇到一些令人讨厌的问题。比如有人会说，"这是怎么回事呀？怎么好像只有他很了不起似的，真没意思"，因而议论纷纷。不过，这个公司并没有发生类似的情况，可能是社长处理问题的方式比较得当，或者社长平时就比较善于协调这种关系。最终这两个人都得到了重用。

在不到三年的时间里，这个公司的面貌焕然一新。我有很多贸易伙伴，我知道的就有两三家有类似的经历。从这些事情当中我深刻地体会到：人是一种宝贵的存在，某个人的出现会给整个企业带来巨大的好处。这是一个非常重要的问题，大家必须认真对待。

一般来说，无论是大公司还是小职场，道理都一样。一个优秀人才必然会给大家带来幸福。这对每个人来说都是非常重要的，不是吗？

在日本，大家又是如何认识的呢？在某种程度上，大家是把它当常识来看待的。大家能否以非常好的心态，用积极的态度来思考这件事呢？我认为答案是否定的。我并不想说日本人有什么不好，但大家确实没有在这件事上产生共鸣，而是产生了嫉妒之心，觉得没什么意思，不值得做，快乐不起来。这种心态必定会使日本的社会形势、公司以及公司的状况，国家以及国家的情势恶化，不是吗？

我们作为公司的员工不仅要注意这个问题，还要将它看成全体国民的心得体会。我们要让有能力的人做适合的工作，这样对每个人都有益。只要这个人很能干，他就一定会给大家带来好处。大家要做的就是帮助他。而我们必须让这种良好的合作在国民中大量衍生，如果这种精神不能迅速发扬光大，那么日本将难以获得长久的发展。这就是我的体会。

37 要勇敢地不失礼貌地表达意见

带着尊重对方的诚意，不失礼仪地说出该说的话。能做到这一点的公司才能时常保持新鲜和活力，才是值得期待的公司。

对待员工的态度要谨慎，说话绝对不能没有礼貌，不能伤害员工的感情。大家要对这个问题有充分的认识，还要充满热情地说出自己应该说的话。如果大家没有这样的热情和积极性，我觉得松下电器最终会倒闭。

不能什么事都听从上司和前辈的，自己只会说"是的，是的"，因为上司和前辈并非神。他们虽有优点，但也有很多缺点。他们是有一些经验，但这些经验也有过时的时候。这就需要拥有新知识的年轻人说出自己的想法和看法。比如你们可以说，"这里这样来改良一下，您觉得如何""这个问题我是这样认为的，您觉得怎么样"等。带着尊重对方的诚意不失礼仪地说出该说的话，我认为是非常必要的，不是吗？

员工能坦率地交流，能说出自己的想法，公司就能保持新鲜的状态，充满活力。在不失礼仪可以轻松交谈的状态下，大家能各抒己见，只有这样的公司才会得到发展，才值得大家期待。

38 做合格的专业人士

虽然大家在技术、能力上可能有一些不足之处,但作为专业人士,我们必须尽最大的努力。社会不允许我们缺乏责任意识,悠闲自得。

就拿买鞋来说吧。有的人买鞋很难,如果他拿着一双做好的鞋子对我们说:"这个鞋不行,我穿不了。你这里能不能帮我改一下,改得更合脚一些?"我们就要回答:"没问题,让我来想想办法吧。"如果能如此回复,我们就会努力制造出一双极为合脚、无比美观又让人喜爱的鞋。那么,自然就有人称赞我们:"那个鞋匠是制鞋的行家!"我们就应该这样工作,不仅要对工作有清晰正确的认识,还要不断反省不断努力。如此一来,无论是制定计划、设计商品,还是生产产品,我们一定会在这些方面成为专家。

这种综合实力能巩固公司的基础,博得社会的信赖。我们必须有这样的思维方式。这样的思维方式是否正确,人们会有不同的看法。如果我们作为专业人士没有这样的思维方式,就吃不了专家这碗饭。这一点我想得很清楚,就我自身而言也是如此。"自己身为公司的社长，只要还在经营这个公司，作为经营者，我就是一个专家，和那些外行是不一样的。如果我对公司的经营管理只能做到外行的程度，那就必须果断退出。否则，我努力做的事对很多人来说就没有真正的好处。对客户来说是这样，对公司来说也是如此。"我有时就会这么思考问题。如果觉得"反正是自己在做，就这样吧，也没什么不好"就等于玷污了社长的名声。

我认为大家也是这样想的。对自己在做的工作，大家能否做到像行家一样独当一面？也许你在技术上还有一些需要打磨的不足之处，但在思想上应该有明确的认识："虽然我在技术上略有不足，但我有责任成为专家。即使能力不足，我也要倾尽全力。"

我们一定要这样思考：就算今天不行，明天我必须做到独当一面；在这三五天，我要做到独当一面；在三年之内，我要做到独当一面。一定要这样，尽力学习，磨炼自己。没有这样的锻炼或者心理准备，只是安闲地坐在内行人的位子上是对职务和责任的冒犯、亵渎。这是不被社会认可的。

我们做的工作影响非常大。在社会上挂起牌子出售东西，这就是我们的本职工作。只要挂起牌子，就一定会有买我们产品的顾客。我们只把它当成业余爱好，比如装配收音机之类的，也许只有朋友会买，一般人不会买。那样的话，你一个月装一台，或者半年装一台都没问题，影响会很小。

只要是挂牌制造，就不能一个月只制造一台产品，必须制造几百台、几万台才行。如果造得不好，就会带来非常大的不良影响，会给许多人带去麻烦和困扰。如果我们没有成为专家的责任意识，就会给社会带来巨大的损害。这是不能被原谅的。如果公司对此没有明确的认识，员工也没有，那简直太不像话了。

如果你并不愿意认识和面对这个问题，那我只能说你真的非常虚伪。大家要认真地思考，必须认识到自己是以专业人士的身份在立身处世，要这样思考问题。

39 在工作中充分发挥上下级的作用

只有自主精神是不够的,还要充分利用上司和部下,发挥他们的作用,而且要积极地借鉴客户以及竞争对手的经验。这样才能取得真正的成功。

大家都是很能干的人，但我认为大家在运用知识上有一些不足之处。我们不仅要学会使用自己，还要学会使用部下和上司。这非常重要。

假如有一个团队，团队领导者是一个像真主一样无所不知的存在，那我们当然是多说无益。事实上，大多数的领导者并非无所不能之人，有优点也有缺点。如果他的三个参谋能弥补其不足，领导者借助参谋的优点，就能带领团队取得胜利。这种情况是普遍存在的。所以如何充分地利用上级，让他们发挥作用，是非常重要的。大家可以将想法写成提案提交给上级，领导采纳这个提案后，就会下命令让大家将方案落地。我认为上司和下属要彼此关照。

还要思考如何才能发挥下级的作用。只是让下级服从命令，很难施展他们的实力。我们不是全能的，手下不乏能力超越自己的人，一定要积极思考如何才能充分发挥这些人的实力，采取什么方法。必须在这些问题上下功夫。

偶尔会遇到独断专行的人，虽然他们往往非常伟大，但世界上为何会有很多公司无法成长？原因还是在于，他们并没有在这方面下足功夫。很多部下的能力在自己之上，但是他们视而不见，所有的事情都采用命令的形式，以致部下的能力没能得到任何提高，还使公司的综合实力不断下降。归根结底，这是领导做得不到位。

我认为下属可以使用上司，上司要能让下属发挥更大的作用，不论是在技术方面还是其他方面都应如此。如果双方能齐心协力想办法，团队就会充满活力。能不能做到这一点，关系到大家最终能否获得成功。

不论做什么事，拥有自主精神能够保持自我都是极其宝贵而必要的。但只有自主精神就够了吗？绝非如此。我们必须成为那种能够利用社会上诸多的现象，促进自主性思考和提升生活方式的人。能够接受各种意见固然好，但是过于听从别人的意见是不可取的。

比如，如果有人说"你最好往东走"，你就认为"那就向东走吧"；如果有人说"你最好往南走"，你就会说"那我就往南走吧"。这样是绝对不行的，这也不是有自主性的表现。

必须自己决定前进的方向。为了提高前进的效率，要积极地汲取所有的知识，并让其发挥作用。所有的知识，说的是要拥有万人的智慧，当然包含客户的智慧，就连竞争对手的知识也要吸收。自己独立思考之后决定前进的方向，如果要向东走，那就必须向东迈进，果断前行。我就是这样认为的。如果我们做不到，就不会成功。就算获得了些许成功，也绝不是真正意义上的成功。

图书在版编目（CIP）数据

成事：松下幸之助谈人的活法 /（日）松下幸之助 口述；日本 PHP 研究所 编；范玉梅 译 . — 北京：东方出版社，2022.8
ISBN 978-7-5207-2841-6

Ⅰ.①成… Ⅱ.①松…②日…③范… Ⅲ.①松下幸之助 (1894—1989) — 人生哲学 Ⅳ.① K833.135.38

中国版本图书馆 CIP 数据核字（2022）第 110393 号

JINSEI TO SHIGOTO NI TSUITE SITTEOITE HOSHII KOTO
By Konosuke Matsushita
Edited by PHP Institute, Inc.
Copyright © 2010 PHP Institute, Inc.
First published in Japan in 2010 by PHP Institute, Inc.
Simplified Chinese translation rights arranged with PHP Institute, Inc.
through Hanhe International （HK）Co., Ltd.

本书中文简体字版权由汉和国际（香港）有限公司代理
中文简体字版专有权属东方出版社
著作权合同登记号 图字：01-2020-0571 号

成事：松下幸之助谈人的活法
（CHENGSHI: SONGXIA XINGZHIZHU TAN REN DE HUOFA）

口　　述：	[日] 松下幸之助
编　　者：	日本 PHP 研究所
译　　者：	范玉梅
责任编辑：	钱慧春
出　　版：	东方出版社
发　　行：	人民东方出版传媒有限公司
地　　址：	北京市西城区北三环中路 6 号
邮　　编：	100120
印　　刷：	北京汇瑞嘉合文化发展有限公司
版　　次：	2022 年 8 月第 1 版
印　　次：	2022 年 8 月第 1 次印刷
开　　本：	787 毫米 ×1092 毫米　1/32
印　　张：	7.5
字　　数：	79.9 千字
书　　号：	ISBN 978-7-5207-2841-6
定　　价：	68.00 元
发行电话：	（010）85924663　85924644　85924641

版权所有，违者必究
如有印装质量问题，我社负责调换，请拨打电话：（010）85924602　85924603